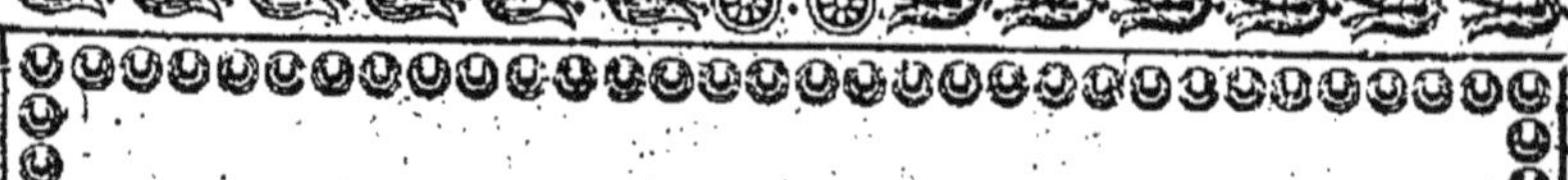

COLIGNY,

HISTOIRE FRANÇAISE.

PAR P. J. S. DUFEY.

Tome Premier.

A PARIS,
CHEZ A. BOULLAND, ET Cie, LIBRAIRES,
PALAIS-ROYAL, GALERIES DE BOIS, N° 254.

1824.

IMPRIMERIE DE E. POCHARD.

COLIGNY,

HISTOIRE FRANCAISE.

IMPRIMERIE DE E. POCHARD,
RUE POT-DE-FER, N° 14.

COLIGNY,

HISTOIRE FRANÇAISE.

PAR P. J. S. DUFEY.

TOME PREMIER.

A PARIS,

CHEZ A. BOULLAND, ET Cie, LIBRAIRES,

PALAIS-ROYAL, GALERIES DE BOIS, N° 254.

1825.

COLIGNY,

HISTOIRE FRANÇAISE.

LIVRE PREMIER.

CHAPITRE PREMIER.

Introduction.

A quelques lieues de Montargis, sur les rives du Loing, s'élève l'ancienne cité de Chatillon. Un vaste château dominait la ville; c'était dans ce tranquille manoir que vivait, au commencement du quinzième siècle (1), Gaspard de Coligny, maréchal de Chatillon. Louise de Montmorency, sœur aînée du connétable de Montmorency (2), partageait, avec Gaspard de Coligny son époux, les tendres soins que réclamait le jeune âge de leurs enfants.

Quatre fils croissaient sous leurs yeux, Pierre était l'aîné, Odet le second, si connu depuis sous le nom de

(1) La famille de Chatillon était originaire de Bresse, c'était une ancienne maison souveraine; elle possédait des domaines considérables, et plusieurs villes, notamment celles de Nanterre et de Monlouët. Elle perdit une partie de ses prérogatives par l'ambitieuse rivalité de la maison de Savoie.

(2) Elle avait épousé en premières noces Frédéric de Mailly, d'une ancienne maison de Picardie. Elle avait eu plusieurs enfants de son premier mariage. Elle était plus âgée que le maréchal de Chatillon, son second mari. Sa fille aînée, Madeleine Mailly, avait épousée le sire de Roye, père d'Éléonore, qui fut mariée à Louis de Bourbon, prince de Condé; ainsi Coligny, du chef de sa mère était allié à la famille royale.

cardinal de Chatillon; le troisième, Gaspard de Coligny, reçut le jour le 16 février 1516; ses exploits guerriers, ses vertus et surtout ses malheurs l'ont rendu célèbre sous le titre d'amiral; le quatrième, François si fameux dans nos annales sous le nom de Dandelot, embrassa aussi la profession des armes, et occupe une grande place dans notre histoire.

Pierre, l'aîné de cette belle et illustre famille, mourut bien jeune encore.

Le traité de Noyon avait renouvelé la paix entre François premier et Charles-Quint; ce traité, comme tous ceux de cette époque, n'était qu'une trève momentanée. Celui de Fribourg avec les Suisses, conclu la même année 1516, mérita seul le titre de *paix perpétuelle*. L'alliance avec l'Angleterre avait été confirmée quatre ans après dans l'entrevue des rois de France et d'Angleterre, entre Ardres et Guines, au *camp du Drap d'or*.

Gaspard de Coligny avait quitté la cour et l'armée, et en attendant que les ordres du roi le rappelassent au champ d'honneur, il s'était retiré dans son château de Chatillon ; heureux et fier de se voir environné d'une belle et vertueuse épouse et de ses enfants.

L'aîné tomba malade ; tous les secours de l'art ne purent le sauver. Cette mort imprévue, en frappant l'espoir de ses vieux jours, avait cruellement affligé le seigneur de Coligny ; mais il concentrait sa douleur. Louise de Montmorency, tâchait en vain d'imiter la courageuse résignation de son époux. Près de lui son cœur était moins oppressé. Dès que ses relations d'intérêt ou de bienséance l'appelaient à la ville ou au château du connétable, elle se retirait dans le fond de son appartement ; et là, pressant sur son sein les trois fils qui lui restaient, elle donnait un libre cours à ses larmes; puis, remettant François dans les bras de sa nourrice, elle se rendait avec Odet et Gaspard à l'oratoire du château.

Sa prière finie, elle rentrait dans son appartement, et, assise près d'une croisée en ogive, elle brodait, sur une robe nouvelle, l'écusson de l'illustre maison de Chatillon.

L'horloge du château vient de sonner dix heures, le clepsydre, placé sur son ouvroir, lui apprend que depuis une heure elle a repris ses travaux...... Un bruit de cors et de chevaux lui annonce le retour de son époux.... Bientôt la porte s'ouvre, et Chatillon est près d'elle; elle s'est levée, et attend dans un respectueux silence, ses ordres. Ses pressentiments ne l'ont point trompée; la trève est rompue, la guerre a déjà éclaté au delà des Alpes et des Pyrénées. François premier rappelle tous les chefs de ses armées; Gaspard de Coligny est maréchal de France. Cette grande dignité militaire, qui sous les règnes précédents n'était qu'une commission temporaire, a été déclarée permanente par le roi, et le maréchal reçoit l'ordre d'aller se mettre à la tête de l'armée déjà rassemblée en Navarre, et d'aller secourir Fontarabie assiégée par l'armée de Charles-Quint; mais sa dernière heure était arrivée, et il ne devait pas atteindre l'autre côté des Pyrénées.

Cependant le maréchal n'est encore qu'à la fleur de ses ans; impatient de se rendre aux ordres du roi, il n'attend pas ses équipages, et, après avoir donné et reçu de Louise de Montmorency et de ses enfants le baiser d'adieu, il s'est élancé sur le plus léger et le plus vigoureux de ses chevaux, et, suivi de deux écuyers et de quelques valets, il est déjà sur la route de Bordeaux.

Hâtez-vous, lui avait écrit le roi, et le maréchal, sans prendre un instant de repos, bravant l'ardeur brûlante du soleil, a fatigué vingt chevaux. Bientôt l'entier épuisement de ses forces le contraint de s'arrêter à Acqs; une fièvre ardente le dévore, et, pressant sur son cœur le portrait de sa bien aimée Louise de Montmorency, peint par *Jeannet* (1), il recommande à Dieu cette épouse si chère et ses enfants, mande le tabellion, et dicte lui-même ses volontés dernières; il termine cet acte solennel en implorant, pour sa famille, les bontés du roi et les sages conseils du connétable; il recommande surtout à son amitié son *Gaspard*, le second de ses fils.

(1) Jannet ou Jeannet, dont le véritable nom était François Clouet, était le meilleur peintre de portrait de son temps. On conserve au Musée du Louvre un portrait de Henri II, très bien conservé; c'est le meilleur ouvrage de ce peintre.

Il avait caché à son épouse le fatal accident qui allait pour jamais la séparer d'elle, et elle apprit en même temps sa maladie et sa mort.

Fidèle aux derniers vœux de son ami expirant, le connétable de Montmorency vint s'établir auprès de sa veuve éplorée; les restes mortels du maréchal furent portés à Chatillon, où après lui avoir rendu les derniers devoirs, Louise de Montmorency rappela elle-même au connétable son frère les soins que lui imposait le testament de son époux.

Le roi s'était empressé d'écrire à la veuve d'un de ses plus braves capitaines, une lettre de condoléance. Ce n'était point la froide et monotone formule d'une circulaire de cour, mais l'expression franche de la bienveillance d'un monarque guerrier, et le touchant abandon d'un ami.

L'exemple de François Ier, la haute considération dont il honorait les savants et les artistes, ses soins constants pour leur procurer une honorable indépendance, avaient fait rougir la noblesse de son ignorance héréditaire.

Le maréchal de Chatillon avait prévenu les intentions du roi; et plus jaloux de mériter les honneurs que de les obtenir, et d'inspirer à ses fils les mêmes sentiments, il avait tracé lui-même le plan de leur éducation et désigné l'homme à la fois savant et vertueux qui devait diriger leur instruction. Cet homme, c'était Nicolas Bérault (1), le digne ami d'Érasme. Il enseignait alors le droit à Orléans.

Le connétable ne perdit pas un instant,

(1) Nicolas Bérault, né à Orléans, est auteur de plusieurs ouvrages estimés, les principaux sont: un Commentaire sur Pline le naturaliste; des notes sur Politien; une traduction des deux livres d'Appien, qui contiennent les guerres d'Annibal et celle d'Espagne. Il était aussi très savant helléniste.

Il embrassa le calvinisme; c'était un des hommes les plus érudits et les plus vertueux de son siècle.

et Louise de Montmorency joignant ses sollicitations aux siennes, vint elle-même avec son frère prier Bérault de venir donner ses soins aux trois jeunes Chatillon.

Bérault se rendit à leurs vœux, et bientôt les progrès de ses intéressants élèves surtout de Gaspard, dont l'attachement et la reconnaissance furent la première et la plus douce récompense de ses leçons.

Le connétable jouissait alors du plus grand crédit à la cour. Le roi témoignait la plus grande déférence pour ses conseils. Il lui avait accordé la nomination à un chapeau de cardinal.

Jaloux de l'avancement de ses neveux, Montmorency proposa à Gaspard de profiter des bontés du roi, mais Gaspard ne fut pas ébloui par la brillante proposition de son oncle (1), qui ne

(1) C'est une singularité assez remarquable, que

fut pas plus heureux dans ses démarches auprès de François : Odet, l'aîné de la famille accepta avec joie, une offre qui flattait son goût pour une carrière brillante et tranquille.

Le connétable s'empressa d'en informer le roi, et Odet fut bientôt pourvu de plusieurs riches bénéfices. Il n'avait encore que seize ans; le pape Clément VII, lui accorda la pourpre malgré son jeune âge, un tel honneur ne semblait réservé qu'aux enfants des souverains (1).

La promotion de son aîné au cardinalat fit passer tous les droits de chef

les deux plus grands capitaines des quinzième et seizième siècles, Dunois et Coligny, aient été vivement sollicités par leurs familles d'entrer dans l'état ecclésiastique.

(1) Dès qu'Odet, l'aîné de la famille, eut embrassé l'état ecclésiastique, Gaspard, son puîné, prit le nom de Chatillon. Mais la tradition historique lui a conservé celui de Coligny, quoique tous les actes émanés de lui aient toujours été signés Châtillon.

de famille à Gaspard. Il redoubla d'efforts et de succès pour terminer ses études et ses premiers exercices, et son oncle le présenta à la cour.

Élevé loin du tumulte des villes et dans toute la simplicité des mœurs antiques, Gaspard de Coligny put se soustraire à la contagieuse influence de la cour. Il conserva ses mœurs. Une heureuse conformité de goût, de caractère, le lia avec le prince de Joinville, fils aîné de Claude de Lorraine, duc de Guise.

L'orgueil du rang n'eut point de part à cette liaison, ils devinrent bientôt inséparables. La maison de Guise n'était pas alors parvenue à ce haut degré de puissance où elle s'éleva sous les règnes suivants.

CHAPITRE II.

Académie d'armes. — Duel. — Partie de chasse. — Second duel. — Courage et générosité. — Coligny et Dandelot.

La plus tendre amitié unissait Odet, Gaspard et François Châtillon. Ce sentiment né avec eux s'accrut avec l'âge. Parvenus jeunes encore aux premières dignités ecclésiastiques et militaires, ils conservent dans des états différents une identité d'opinions et d'affections que les plus fortes épreuves ne purent jamais altérer. Leur père avait donné pour mentor à Gaspard et à François, Prunelay, ancien officier plus vertueux que riche. Il veillait sur ses deux élèves avec le plus grand soin; il observait leurs moindres démarches avec toute l'active surveillance d'un père.

Un incident imprévu mit bientôt son dévouement à l'épreuve. Les jeunes nobles, destinés à la profession des armes, faisaient leur première éducation militaire dans ces établissements qu'on appelait alors des académies, et dont les directeurs exerçaient en vertu d'un privilége spécial.

Gaspard et François avaient pour professeur d'armes et d'équitation Parini, Italien, l'un des plus fameux de cette époque. Le maître avait ordinairement des adjoints qu'on appelait prévôts. Parini, occupé ailleurs, s'était fait remplacer par un de ses prévôts. Celui-ci, vivement pressé par un jeune seigneur poitevin de faire assaut avec lui, ne put résister à ses instances.

Le fleuret du prévôt se brisa, et son adversaire fut blessé si grièvement qu'il expira presque aussitôt.

Deux de ses frères, témoins de ce funeste accident, se précipitent l'épée à la main sur le malheureux prevôt. C'en était fait de lui si Gaspard et François, n'eussent voïé à sa défense; ils parvinrent à le faire échapper.

Parini, informé de cet évènement, revint promptement à son académie, et après avoir fait d'inutiles efforts pour appaiser les deux frères du mort, il leur ordonna les arrêts; les statuts de sa profession lui donnait ce droit.

Rendus à la liberté, les deux nobles Poitevins impatients de se venger cherchèrent Gaspard et François, et l'un d'eux s'adressant à Gaspard, lui demanda satisfaction. Le cartel fut bientôt accepté. Mais comment l'exécuter; le sage Prunelay suivait ses deux élèves partout, excepté au jeu de paume.

Gaspard et François profitèrent de cette circonstance pour faire apporter dans leur chambre, par un valet qui leur était dévoué, un grand et fort panier, qui servait à transporter des effets à la campagne, et à peine rentrés dans leur chambre, après la prière du soir, ils lui ordonnèrent de les descendre l'un après l'autre par la fenêtre dans ce panier. Il fallut obéir. Ils se rendirent tous deux dans un cabaret, on ne connaissait pas alors les cafés. Ils y passèrent la nuit, et le lendemain, à l'heure convenue, ils se rendirent au *Pré aux Clercs*, où ils trouvèrent leurs deux adversaires.

Les quatre champions se visitèrent respectivement, suivant l'usage, pour s'assurer qu'aucun d'eux n'était cuirassé, et ils mirent ensuite l'épée à la main. Gaspard blessa son adversaire du premier coup, le désarma, et lui fit demander la vie. Son frère n'avait pas été aussi heureux; il avait été désarmé, et il courait le plus grand danger, quand Gaspard courut à son secours et força son vainqueur à imiter son exemple.

Les combattants s'étaient séparés, et les deux Chatillons pouvaient croire cette affaire terminée sans retour. Ils avaint projeté une partie de chasse du côté de Juvisi (1), les deux Poitevins joignant la calomnie à la bassesse, persuadèrent à un gentilhomme voisin de celui qui avait invité Gaspard et François à cette partie, que les chasseurs n'avaient d'autre dessein que d'attaquer le gibier de son domaine.

Le gentilhomme réunit ses gens et sa meute et marche à leur rencontre, et par une circonstance tout-à-fait imprévue, le lièvre que Coligny et son frère poursuivaient les conduisit en effet sur les terres du châtelain. Celui-

(1) Village à quatre lieues de Paris, sur la route de Fontainebleau, sur les bords de la rivière d'Orge. On y remarque le château dont les jardins ont été dessinés par Le Nostre.

ci tua un de leurs chiens, alors se présentèrent comme médiateurs, les deux Poitevins, tout en leur avouant qu'ils avaient provoqué cette nouvelle rixe, et s'apercevant que Gaspard n'avait point de fusil, ils tirèrent les leurs et s'avancèrent l'épée à la main, jurant que pour cette fois ils ne voulaient recevoir ni donner de quartier.

Gaspard et son frère se mirent en défense; et furent légèrement blessés. Un des deux gentilhommes poitevins le fut plus grièvement.

Informée de cet évènement, Mme de Chatillon, sans en avoir prévenu ses fils, porta plainte contre leurs agresseurs. Déjà les informations étaient commencées; mais à peine ses fils furent-ils guéris de leurs blessures qu'ils firent suspendre les poursuites.

Cette affaire fut bientôt connue à la cour, et lorsqu'ils s'y présentèrent, les jeunes Chatillons y furent accueillis, avec une distinction marquée; on louait leur bon cœur autant que leur loyauté.

On remarquait dans Gaspard une physionomie heureuse, une démarche franche et modeste, une grande vivacité d'esprit et un ton très mesuré. Les écoliers contractent presque toujours les habitudes des premiers maîtres. Bérault marchait très vite, et Prunelay avait toujours un cure-dent à la bouche. Gaspard conserva toute sa vie l'usage de marcher très vite, et on ne le voyait jamais sans un cure-dent; il ne le quittait pas même, lorsqu'élevé aux premières dignités militaires, il méditait les plus grandes opérations.

Il était d'une taille ordinaire, et sans être d'une beauté remarquable, ses formes étaient bien proportionnées; sa physionomie très expressive, sa mise élégante sans être recherchée.

Tel était Gaspard de Chatillon quand

il parut avec son frère François Dandelot à la cour de François Ier, auquel ils furent présentés par le connétable leur oncle.

CHAPITRE III.

Supplice de Semblancay. — Mariage du duc d'Orléans. — Baillée de Roses. — Retour de Coligny à Paris.

La perte de la bataille de Pavie, et la captivité du roi, avaient jeté la France dans la plus profonde consternation. Les deux fils du roi furent donnés en otage, on négociait dans les cabinets, et la cour était tout occupée d'intrigues particulières. Deux femmes se disputaient le sceptre de la faveur et du pouvoir, la duchesse d'Angoulême et la duchesse de Valentinois (Diane de Poitiers).

La défection de Doria, avait forcé Lautrec général de l'armée française en

Italie à lever le siège de Naples. On sait par quelles honteuses manœuvres, échoua cette entreprise. Lautrec, ne recevant de France, ni argent, ni renforts, et trahi par ses alliés, avait cédé à la nécessité. Et le malheureux Semblancay paya de son honneur et de sa vie son excessive confiance dans la mère du roi, qui laissa le général manquer de tout en Italie, en retenant les fonds destinés à l'entretien des troupes, et que le ministre avait remis à la duchesse d'Angoulême; cette princesse avait, par l'entremise d'un commis infidèle, fait soustraire de la comptabilité du trésor ses quittances. Le ministre, privé des pièces qui pouvaient le justifier du moins du crime de concussion, fut condamné à être pendu et subit son arrêt. Exemple terrible et qui aurait dû effrayer ses successeurs.

Le crime du général était d'être frère de la maîtresse du roi, et la mère de ce prince provoqua sa retraite, le sang français coula en Italie, d'affreux revers perdirent notre armée, parceque son général avait eu le malheur de déplaire à une femme puissante, jalouse, et vindicative.

Elle mourut quelques années après, mais le mal qu'elle avait causé à la France était irréparable.

Depuis long-temps il n'était bruit à la cour et dans toute l'Europe que du mariage entre le duc d'Orléans et Catherine de Médicis, fille de Laurent de Médicis et de Madelaine de Bourgogne, nièce de François de Bourbon.

Charles-Quint, lui-même, ne pouvait croire à ce projet de mariage; tous les cabinets partageaient son opinion. Comment se persuader que la petite fille d'un marchand de Florence viendrait s'asseoir sur le trône des descendants de Charlemagne?

Cependant Catherine, montée sur

une galère dorée, ornée de brillantes et riches banderoles, entrait dans le port de Marseille.

Le duc d'Albanie et plusieurs autres princes d'Italie l'accompagnaient. Un grand nombre de seigneurs de la cour de France avaient suivi le roi; de magnifiques fêtes signalèrent l'arrivée de la nouvelle *Cypris sortant de l'onde.*

Gaspard de Coligny et le prince de Joinville faisaient partie de ce brillant cortège. Les fêtes se renouvelèrent à Paris avec une magnificence extraordinaire; Coligny y parut comme simple spectateur. Cette pompe extraordinaire, ces bals, ces banquets ne lui offraient point de charmes. Le peuple souffrait, des traités honteux augmentaient les subsides et la misère publique; aussitôt qu'il pouvait s'éloigner de la cour, il se refugiait au château de Chatillon, et retrempait son âme que les vices de la cour auraient pu corrompre. La nature ou plutôt l'indulgence de ses maîtres semblait le préparer à une vie voluptueuse; il dormait long-temps, et, doué d'une constitution robuste, il se livrait à regret aux exercices pénibles.

Appelé par sa naissance et par ses inclinations à la profession des armes, il sentit la nécessité de se réformer lui-même. Il le tenta et réussit; il parvint à supporter sans nul effort les plus longues veilles et les fatigues les plus dures.

Presque tous les grands hommes n'ont dû leurs rares talents et les qualités éminentes qui les ont distingués qu'à eux-mêmes. Ils triomphent des plus grands obstacles, parce qu'ils ne croient rien d'impossible.

Coligny préférait aux bruyants plaisirs de la capitale la paisible solitude de Châtillon; il brûlait de s'illustrer par quelques beaux faits d'armes, et de se montrer digne de son père et de son oncle. Sa mère l'entendait avec peine appeler de tous ses vœux le retour des combats et des dangers. L'amitié le rappelait à Paris ; une fête périodique dont l'objet plaisait à son âme, parce-qu'elle renouvelait un usage antique et respectable, était annoncée.

Cette fête, c'était *la baillée des roses*. Chaque année un prince du sang allait, en grande pompe, au palais, offrir des bouquets de roses aux membres du parlement. Le duc de Nevers disputait au duc d'Alençon les honneurs de cette fête. Le parlement décida en faveur de celui-ci, à cause de sa qualité de premier prince du sang.

Coligny assista à cette cérémonie, dont la solennité l'intéressa sans l'étonner. Enfin il vit arriver l'heureux instant qu'il désirait depuis si long-temps. Le roi François Ier, insensible aux justes plaintes de toute la France, qu'il épuisait d'hommes et d'argent, leva cinq armées, imposa de nouvelles contributions qu'il fit payer avec la plus implacable rigueur. Il n'avait paru se montrer insensible aux outrages qu'il recevait de Charles-Quint, que pour mieux assurer les moyens de s'en venger. Son ennemi lui en offrit bientôt une occasion qui du moins pouvait justifier son ardeur pour la guerre: Duguast, gouverneur du Milanais pour Charles-Quint, avait fait lâchement assassiner Rinçon, ambassadeur de France à Milan, et de Frégose, qui occupait la même place à Constantinople.

A ce dernier outrage, dont il avait d'abord demandé satisfaction, il répondit par un manifeste adressé à tous les princes de l'Europe, et fit un appel à ses braves; la nation entière se leva, et Francois Ier vit bientôt une armée marcher sous ses ordres. Toute la noblesse suivit le dauphin. Coligny brûlait du noble désir de faire ses premières armes sous les yeux de l'héritier présomptif du trône; mais il eût fallu se séparer de son jeune ami le prince de Joinville, et il partit avec lui pour le Luxembourg. Cette armée était commandée par le duc d'Orléans que dirigeait le duc de Guise.

CHAPITRE IV.

Retour à l'armée. — Prise de Damvilliers.

L'ARMÉE avait passé la Meuse, et se porta rapidement sur Damvilliers. La place se rendit après une faible résistance. D'autres points fortifiés du Luxembourg se soumirent après les premières attaques.

Arlon seule osa braver les chances d'un siége. Les habitants et la garnison rivalisèrent de courage et de dévouement. Coligny admirait leurs héroïques efforts en les combattant. Mais leur résistance fut vaine. Simple officier, il ne pouvait former que des vœux pour une capitulation généreuse ; mais les chefs de l'armée, irrités des pertes qu'ils avaient éprouvées, abandonnèrent au pillage cette malheureuse cité, et la livrèrent à la merci d'une soldatesque avide de butin.

Le terrible droit de la guerre ne connaissait point alors de bornes. Plusieurs bourgeois furent impitoyablement massacrés. Tout devint la proie du vainqueur. Une jeune fille, brillante de jeunesse et de beauté, est conduite à Coligny : il s'étonne, il admire; son sang s'allume, ses yeux étincellent de tous les feux de l'amour.

La jeune fille éperdue se jette à ses pieds, et sa voix suppliante implore sa pitié; elle le conjure de respecter son honneur. Coligny, rendu à lui-même, lui adresse de consolantes paroles; il la prie à son tour, il la conjure de s'éloigner; il lui offre de lui donner une escorte qui l'accompagnera partout: Elle hésite; il insiste plus vivement encore; si elle refuse de s'éloigner, il va lui-même quitter sa maison.

Cette menace effraie la belle et sage Arlonaise. Si Coligny s'éloigne, elle a tout à craindre. Un autre s'emparera de la maison, et cet autre n'aura point pour elle la même générosité. Elle demande de consulter une tante, son unique appui, et qui depuis longtemps lui tient lieu de la mère qu'elle a perdue.

Vainement elle parcourt la maison; sa tante, effrayée à la vue des soldats, et ne voyant que son propre danger, s'était cachée au fond de son appartement; un écuyer de Coligny avait découvert sa retraite.

Inquiet de l'absence de la jeune orpheline, Coligny a ordonné qu'on la cherchât. Bientôt lui-même parcourt la maison; des cris l'appellent dans une pièce voisine : il se dirige de ce côté, il entre, et il voit son écuyer s'efforçant de retenir une femme, jeune encore, et ne pouvant opposer aux attaques du brutal écuyer que des prières, des larmes et des cris. Coligny, furieux, lance sur le guerrier un terrible regard; il lui ordonne de se retirer à l'instant. Il obéit.

Cette infortunée était la tante de la jeune personne que Coligny faisait chercher, qu'il cherchait lui-même, et qui bientôt paraît devant lui. Elles tombent toutes deux aux pieds de leur libérateur. Coligny s'empresse de les relever, et réitère ses offres de service. La tante demande à être conduite avec sa nièce dans une maison assez éloignée. Coligny appelle un de ses officiers, commande une escorte, et les deux dames s'éloignent. La plus jeune semble le quitter à regret. Coligny jugeait par lui-même de l'officier auquel il les avait confiées; il ne s'était point trompé; il se serait fait tuer, plutôt que d'abandonner les dames placées sous sa sauvegarde. Coligny, prévoyant qu'un plus long séjour auprès de l'objet de sa passion naissante ne ferait qu'ajouter à la vivacité d'un sentiment dont il pourrait n'être plus le maître, s'applaudissait du projet de retraite des deux dames, et ne fit nulle instance pour en différer l'exécution. Il leur donna une forte escorte, ordonna le départ, et se déroba à leurs remercîments.

L'escorte rencontre à peu de distance un détachement nombreux, dont le chef, étonné de la beauté de la plus jeune des dames, se dispose à l'enlever de force. L'officier de Coligny ne peut opposer qu'une vaine résistance, et ces deux infortunées deviennent la proie du vainqueur. La tante elle-même ne fut pas épargnée; ce fut bientôt la nouvelle de l'armée.

Coligny apprend le fatal événement;

il se rend à l'instant même auprès du duc d'Orléans, qui commandait en chef l'armée. « Vous ne laisserez pas impuni, lui dit-il, un tel attentat, qui déshonore le nom français. Au nom de tout ce qu'il y a de braves et loyaux officiers dans l'armée, qui ont l'honneur de combattre sous vos ordres, je demande la punition des coupables. »

Le duc d'Orléans l'écouta assez froidement; il ne se montra pas sévère pour une faute que Coligny regardait comme un crime irrémissible, et les mœurs de la cour étaient tellement dépravées sur ce point, que l'indulgence du prince n'avait rien qui dût étonner le jeune guerrier.

« Si vous ne voyez, ajouta Coligny, dans la conduite de l'officier qu'une faute excusable, rappelez-vous du moins les devoirs que lui imposait la discipline militaire; il a sans nul droit, et contre toutes les lois de la guerre, attaqué une escorte commandée par un de vos officiers. »

Le duc d'Orléans sentit toutes les conséquences de l'impunité d'un aussi coupable attentat, et l'influence qu'elle pouvait avoir sur la discipline de l'armée. Il donna l'ordre d'arrêter le commandant qui avait forcé l'escorte, et tous les soldats qui la composaient. Coligny poursuivit l'instruction du procès avec une infatigable activité ; il aurait désiré que, suivant les lois de cette époque, l'officier coupable fût condamné à épouser celle qu'il avait déshonorée. Tel était l'unique but de toutes ses démarches ; mais le conseil de guerre ne vit que le délit de discipline, et le coupable fut condamné à mort et subit son arrêt. Un autre officier de la même troupe fut condamné à la même peine. Ils périrent tous deux sur le même échafaud.

Coligny courut au couvent où les

deux infortunées s'étaient retirées, leur offrit des consolations et ses services. Cette funeste aventure avait eu trop d'éclat. Les deux dames déclarèrent à leur généreux protecteur leur résolution de renoncer au monde, et de prendre le voile; la jeune personne ne pouvait se flatter de trouver un époux après un tel accident. Coligny ne put vaincre sa résolution: mais elles avaient tout perdu dans le pillage de la ville; Coligny se chargea de payer tout ce qu'exigea la communauté.

Cet acte de piété et de bienfaisance prouve à la fois sa générosité et son sincère attachement aux institutions de la religion de ses pères; et si dans la suite son opinion sur ce point a pu changer, ce fut l'effet d'une conviction intime et réfléchie; cessant d'être catholique romain, il ne cessa pas d'être chrétien.

L'armée marchait de conquête en

conquête. Coligny et le prince de Joinville couraient au devant de tous les dangers; on les trouvait combattant l'un à côté de l'autre à la tête des colonnes et dans les postes les plus périlleux.

Le duc de Guise, en applaudissant à leur jeune courage, leur apprit qu'ils ne devaient s'exposer que dans les grandes occasions où leur exemple pouvait décider du sort d'une bataille.

Mais les avis du général ne pouvaient les retenir. Montmédi opposait une vigoureuse résistance; Coligny et le prince de Joinville s'élancent à la tête d'une colonne qui attaquait un poste avancé; une balle perce son chapeau et lui fait une forte contusion: le prince de Joinville s'alarme; il croit la blessure dangereuse. Coligny, sans s'arrêter un seul instant, et sans cesser de combattre, continue à se défendre avec la même intrépidité. C'était sa première campagne; il voulait se montrer digne de son père et de son ami. Le premier il a pénétré dans les retranchements de la ville; toute l'armée se précipite sur ses pas. La balle ne l'avait point atteint. Il s'empresse de rassurer son ami: « C'est une balle perdue: j'ai fait, dit-il, en prenant les armes, le sacrifice de ma vie; au métier que nous faisons, il faut s'habiuer à ces accidents-là. Mourir vingt ans plus tôt ou plus tard, qu'importe? j'y suis préparé; advienne que pourra. » Nul homme ne fit moins de cas de sa vie, et ne ménagea plus celle de ses soldats. Cette première campagne lui mérita une place distinguée parmi les officiers les plus courageux et les plus habiles de l'armée.

Il se vit enfin honorablement cité parmi les braves qui, par leur courage, assurèrent la prise de cette ville importante.

Coligny se délassait des fatigues de la guerre en écrivant à sa mère et à son oncle; il leur rendait compte de ses exploits avec la naïve franchise de son âge.

Maître de Montmédi le duc d'Orléans marchait sur Luxembourg. Un courrier apporte à Coligny une lettre du connétable son oncle : « Une affaire, lui écrivait-il, qui intéresse à la fois l'honneur et le repos de sa famille, exige son retour ; il faut qu'il parte à l'instant même. » Coligny ne sait point résister à la voix de celui dont les tendres soins ont remplacé ceux du père qu'il a perdu. Mais dans quel moment lui parvient un ordre anssi pressant, aussi extraordinaire !

Le siége de Luxembourg était la principale opération de sa première campagne ; déjà quelques succès ont signalé son courage, et il faut qu'il parte.

Il se hâte de communiquer à son jeune ami la fatale nouvelle ; ils se disent un long et douloureux adieu : « L'honneur et l'amitié me retiennent ici, dit-il ; mais l'honneur aussi exige que je parte ; mon oncle et ma mère m'attendent. » Il embrasse son ami, et prend la route de France. Joinville l'accompagne aussi loin que ses devoirs le lui permettent, et ils ne se séparent qu'après s'être embrassés.

CHAPITRE V.

Campagne de Flandre. — Coligny est blessé. — La duchesse d'Étampes et la duchesse de Valentinois.

Coligny croyait trouver son oncle à la cour. Il l'avait laissé comblé des faveurs du roi, investi de toute sa confiance; et il le retrouva seul, exilé dans ses terres. Il avait déplu au roi; aucun courtisan ne le suivit dans sa retraite.

Coligny était l'espoir et l'amour de sa famille. Son oncle et sa mère avaient tremblé en apprenant les dangers auxquels il s'était exposé. Le connétable n'avait pu se dissimuler à lui-même que le désir d'épargner à son neveu les risques d'une campagne aussi meurtrière ne l'eût déterminé à le rappeler.

Dans un premier mouvement de dépit dont il ne put se rendre le maître, Coligny se plaignit hautement qu'un pareil motif l'eût arraché à ses devoirs militaires; laissant son oncle à Chantilly, il courut embrasser sa mère, et, sans se laisser fléchir par ses tendres sollicitations, il prit en toute hâte le chemin de la Flandre.

Il s'exposa d'avantage; et le but du connétable, en le faisant envoyer à une autre armée, avait été manqué.

A peine arrivé, il se distingua par de nouveaux exploits, brava de nouveaux dangers avec la même intrépidité.

L'armée assiégeait Bains, Coligny reçut un coup de mousquet à la gorge. Il ne continua pas moins de se battre; mais l'épuisement de ses forces le contraignit de s'éloigner du champ de bataille. Sa blessure n'était heureusement pas mortelle ; mais la maladresse du premier chirurgien qui le pansa pouvait lui coûter la vie. Son oncle apprit cet accident, et se hâta de lui envoyer un chirurgien dont on vantait les talents.

Joinville combattait près de lui : « Vous êtes blessé, avait-il dit à son ami. —Je le crois, » avait répondu froidement Coligny.

Il s'était imprudemment abandonné au premier chirurgien que le hasard lui avait fait trouver à l'armée. Ce chirurgien était près de lui, quand celui que son oncle le connétable lui envoya parut.

Il s'empressa de lever l'appareil, et sans nul ménagement pour son confrère il s'écria hautement qu'il fallait qu'il eût perdu l'esprit pour l'avoir aussi gauchement traité. Un des officiers de Coligny fit observer à ce nouveau chirurgien que son exclamation pouvait effrayer le blessé et avoir des suites funestes.

« Eh! monsieur, répliqua tranquillement Coligny, toutes ces grimaces ne sont bonnes qu'avec de certaines gens; mais quant à moi, elles ne sont nullement nécessaires. Il a raison; c'est de quoi je veux m'instruire, parce que, comme c'est ôter la réputation à celui entre les mains duquel je m'étais mis, il est bon de vérifier si c'est vérité ou médisance. »

A ces mots, le chirurgien du connétable s'irrite, reprend ses instruments et se dispose à s'éloigner. « Ah! je suis donc un imposteur, dit-il; vous pouvez envoyer quérir qui bon vous semblera; quant à moi, je ne travaille que pour les gens qui ont confiance en moi. »

Coligny, conservant toute sa raison et tout son sang-froid, tâche de le calmer. « Eh! mon ami, point d'emportement; ce que j'ai fait n'est pas pour douter de ce que vous dites, mais pour justifier à ceux qui ne vous connaissent pas aussi bien que moi combien vous êtes plus habile que les autres. Ne sais-je pas que M. le connétable m'aime trop pour m'avoir envoyé un ignorant? et de la part dont vous venez, ne serait-ce pas m'abuser que de croire autre chose, sinon que vous êtes le plus habile homme de Paris? »

Tous les officiers qui étaient présents se récrièrent sur la maladresse de celui qui avait fait les premiers pansements. « Que voulez-vous? leur disait Coligny, il y a plus de ma faute que de la sienne ; je me suis mis entre ses mains sans le connaître, et je ne crois pas qu'il ait fait ce qu'il a fait par malice. Il est assez malheureux de ne pas savoir son métier; peut-être l'apprendra-t-il mieux avec le temps ; et tout que je puis faire en attendant est de ne pas conseiller à mes amis d'avoir recours à lui quand ils auront besoin de chirurgien. »

Coligny avait amené avec lui à l'armée un fort habile homme dans ce genre; mais, impatient d'arriver et de combattre, il l'avait laissé en arrière avec ses équipages, qui étaient encore au-delà de la Meuse.

Le jeune guerrier guérit promptement. Dix jours s'étaient à peine écoulés qu'il courut à de nouveaux combats. Chargé du commandement d'un assez peu nombreux détachement, il apperçoit un gros corps de cavalerie ennemie; il s'élance à la tête des siens avec une telle impétuosité qu'il enfonce les rangs ennemis, les met en pleine déroute, et rentre au camp, emmenant avec lui le chef prisonnier.

La guerre se ralentit. Le duc d'Orléans, qui commandait l'armée de Flandre, partit pour le Roussillon. Coligny revint à la cour. Le roi, qui avait été informé de ses exploits, le combla d'éloges et de caresses.

Avant de se rendre à Paris, Coligny

était allé embrasser son oncle à Chantilly. Celui-ci, assuré du bon accueil que le roi ne manquerait pas de faire à son neveu, l'avait chargé d'obtenir de lui son rappel; mais le roi, toujours injustement prévenu contre le connétable, refusa aux prières de Coligny la grâce de son oncle.

Ce refus indiquait assez à Coligny le parti qu'il devait prendre, sous peine d'encourir lui-même la disgrâce du roi. Mais, fidèle aux devoirs que lui imposait la reconnaissance, il resta déterminé à suivre les conseils du connétable.

La cour était alors divisée en deux factions : à la tête de l'une était la duchesse d'Étampes (1), maîtresse du roi ;

(1) Anne de Pisseleu, duchesse d'Étampes, conserva toujours son empire sur François Ier. Ce prince la vit pour la première fois chez la duchesse d'Angoulême, sa mère, où elle était *fille d'honneur*. Elle se nommait alors mademoiselle de Heilly. On vantait son esprit et sa beauté. François lui fit

à la tête de l'autre, la duchesse de Valentinois (1), maîtresse du dauphin.

La duchesse d'Étampes voyait avec

épouser Jean de Brosse, dont le père avait été tué en combattant contre lui à la bataille de Pavie : il le fit duc d'Étampes et gouverneur de Bretagne. Mais de Brosse n'eut de fait ni sa femme, ni le duché, ni le gouvernement. La duchesse d'Étampes était en opposition continuelle contre Diane de Poitiers, duchesse de Valentinois, maîtresse du dauphin. Leurs divisions causèrent beaucoup de mal à l'état. La duchesse d'Étampes s'allia aux ennemis de la France; après la mort de François Ier, elle fut forcée de quitter la cour, et mourut dans une de ses terres.

(1) Diane de Poitiers, fille du comte de Poitiers, sieur de Saint-Vallier. Son père, condamné à mort comme complice du connétable de Bourbon, allait subir son arrêt, lorsque Diane obtint sa grâce de François Ier dont elle devint la maîtresse. Il allait souvent la voir dans une maison qu'il lui avait achetée à Gentilly, près Paris. Elle avait épousé Pierre de Brésé, grand sénéchal de Normandie; c'est elle que Rabelais désigne dans son Pantagruel sous le nom de la *Grande Jument*. François Ier, très inconstant dans ses amours, la quitta pour Anne de Pissleu, Diane devint la maîtresse du dauphin,

un extrême déplaisir le dauphin soumis aux moindres volontés de Diane, et ne négligeait aucune occasion pour indisposer le roi contre lui. Elle appelait toutes les préférences du monarque sur le duc d'Orléans, son second fils. Le roi, cédant aux insinuations de la duchesse d'Étampes, portait jusqu'à la haine sa prévention contre son fils aîné, et le plus jeune semblait réunir toutes ses affections.

Les courtisans, toujours disposés à imiter jusqu'aux fautes du roi, s'étaient spontanément réunis au parti de la favorite.

depuis Henri II; ce prince n'avait alors que dix-sept ans, et elle en avait quarante. Il la combla de biens et la fit duchesse de Valentinois. Elle s'allia aux princes de Lorraine, en mariant une de ses filles au duc d'Aumale. On peut dire qu'elle gouverna la France sous le règne de son amant. On voit encore leur chiffre sur les murailles du Louvre. Elle mourut dans son château d'Anet le 26 août 1566. (Voyez Brantôme et tous les historiens de ce temps.)

Le connétable qui aimait beaucoup le dauphin, avec lequel il entretenait, dans son exil, une correspondance très active, détermina Coligny à embrasser le parti de ce prince. Le dauphin vit avec plaisir auprès de lui le neveu de son meilleur ami.

Ce jeune prince, dominé par une passion qui ne finit qu'avec sa vie, n'était que le docile esclave de Diane de Poitiers, épouse du grand maréchal de Normandie. On ne l'appelait à la cour que *la Sénéchale*. Jalouse de son empire absolu sur l'héritier présomptif de la couronne, elle éloignait de lui tout ce qui pouvait compromettre son pouvoir; elle redoutait l'amitié du dauphin pour le connétable. Elle eut besoin de tout son ascendant sur ce prince pour l'empêcher de solliciter son rappel auprès du roi son père.

Coligny, étranger aux intrigues de cour, s'affligea de n'avoir pu réussir dans sa mission auprès du dauphin, sans songer à en chercher la cause, sans même prévoir qu'en s'attachant au fils il pouvait perdre la bienveillance du père.

La cour offrait alors le tableau, moins rare que scandaleux, de ces divisions honteuses qu'on n'oserait avouer dans les familles particulières. La duchesse d'Étampes, favorite du roi, saisissait toutes les occasions de nuire au dauphin dans l'esprit de son père. Elle n'avait que trop réussi à lui faire préférer le duc d'Orléans.

Les circonstances semblèrent favoriser cette injustice. Le dauphin avait fait une campagne malheureuse, celle de son jeune frère le duc d'Orléans avait commencé par de brillants succès; et François Ier, qui attachait le plus grand prix à la gloire militaire, était tout disposé à préférer celui de ses fils dont les faits d'armes flattaient le plus son orgueil.

CHAPITRE VI.

Intrigues de cour. — Siége de la Rochelle.

Les erreurs des princes coûtent cher aux peuples. Leur respect pour les mœurs est la première garantie de la prospérité publique; leurs déréglements sont la source de toutes les calamités; ils jettent à la fois dans toutes les parties de l'économie sociale des germes de corruption et de ruine.

Louis XII fut époux fidèle et bon roi; il donnait à sa cour l'exemple de toutes les vertus domestiques. Partout le respect des mœurs, l'aisance particulière, l'ordre des finances, attestaient les vertus du monarque et la sagesse de son gouvernement. Il prévoyait les funestes conséquences des passions de son successeur. « Ce gros garçon, disait-il, gâtera tout. » Et François Ier en montant sur le trône, prouva bientôt que le *Père du peuple* ne l'avait que trop bien jugé.

Une cour fastueuse, des guerres continuelles, le luxe des favorites, la basse cupidité de leurs familles, épuisaient les revenus publics. Il fallut recourir à de nouveaux impôts pour fournir à tant de prodigalités; le peuple ne se borne pas toujours à avertir par des murmures un gouvernement dilapidateur.

Habitués à l'indépendance des relations commerciales, les habitants des villes maritimes sont toujours les premiers à sentir le fardeau des taxes arbitraires et a faire éclater leur mécontentement.

Avant qu'une législation uniforme

régît tous les Français, les priviléges des villes et des corporations, en les affranchissant du droit commun, excitaient de funestes rivalités et multipliaient les résistances.

Les Rochelois, après avoir vainement essayé la voie des remontrances respectueuses, et fatigués des réponses insignifiantes, ou du silence des ministres, s'opposèrent à l'établissement des gabelles. Quels succès pouvaient obtenir leurs plaintes dans une cour partagée entre des intrigues de boudoir et le conflit de toutes les ambitions? A des voies de fait d'abord peu importantes succéda une véritable insurrection avec toutes ses conséquences.

Le roi, aux yeux de qui les rapports faux ou exagérés de l'autorité locale avaient présenté ces mouvements comme un attentat réfléchi contre son autorité, résolut de marcher en personne contre la Rochelle.

Coligny, qui avait témoigné le plus vif empressement de combattre les ennemis de son pays et de son roi, contre les aggressions étrangères, vit avec douleur ces symptômes de guerre civile. Il reçut l'ordre de suivre le roi, et il obéit.

Le maréchal de Châtillon son père avait eu de longues et honorable relations avec les Rochelois, et son nom était encore respecté. Les Rochelois implorèrent la protection de Coligny; ils lui adressèrent un de leurs notables pour le supplier d'intercéder pour eux auprès du roi.

Leur député ne justifia pas légalement de sa mission : Coligny, aussi prudent que zélé, le congédia en lui conseillant de retourner vers ses commettants, et lui promit de présenter leur demande au roi.

Il n'y avait pas un instant à perdre; le député partit. Coligny, avec cette sécurité qu'inspire le sentiment d'une bonne action, attend son retour; et un incident imprévu allait peut-être l'arrêter dans sa carrière, et lui fermer à jamais le cœur du roi.

Le député rochelois arrêté, dans sa marche par un corps de cavalerie qui précédait l'armée, et interrogé sur le motif de son voyage, eut l'imprudente franchise d'avouer quelle était sa mission, et sa visite à Coligny.

Trop jeune encore pour avoir des rivaux, et trop modeste dans ses prétentions pour mériter leur haine, Coligny pouvait échapper à la malveillance des courtisans; mais ils poursuivaient dans lui son oncle le connétable, et de perfides délateurs s'empressèrent de le signaler comme un traître. C'en était fait de lui, si, par un sentiment de justice et de prévoyance, ce prince n'eût imposé silence aux dénonciateurs en leur annonçant qu'il voulait interroger lui-même Coligny.

Le jeune guerrier traverse avec calme la foule des courtisans qui se pressaient dans les antichambres, et qui par d'ironiques éloges insultaient déjà à son malheur, qu'ils croyaient certain. Il paraît devant le roi, et répond à ses questions avec une franchise respectueuse. C'est peu pour lui de se justifier d'une injuste accusation ; il oublie l'intérêt de sa défense personnelle pour plaider la cause des malheureux Rochelois. Son éloquence simple et persuasive dissipe dans l'esprit du roi de funestes préventions ; rien ne résiste à l'accent de la vérité.

Le roi a entendu Coligny, et déjà son innocence est prouvée; et, satisfait d'apprendre d'un de ses officiers ce que ses ministres lui avaient caché, convaincu que les Rochelois, loin de songer à s'armer contre son autorité et à le provoquer au combat, demandaient à se soumettre, et imploraient sa clémence, il ne cacha point à Coligny ses nouveaux sentiments à l'égard de cette ville, plus malheureuse que coupable.

Coligny s'applaudit du succès de sa démarche, et l'espoir d'épargner à une ville qui avait invoqué son appui les horreurs d'une guerre civile et d'une lutte inégale, fut la première récompense de sa courageuse franchise.

Mais un mot de la favorite, les insinuations perfides des courtisans qui lui étaient vendus, pouvaient en un instant tout changer..... Coligny dut le croire. A peine a-t-il quitté le roi...... que des ordres nouveaux pressent la marche de l'armée sur la Rochelle. Coligny ose encore braver l'orage; il s'approche du roi, n'oublie rien pour le ramener à ses premiers sentiments, et lui montre toute la gloire d'un triomphe plus digne de lui. Il peut d'un mot écraser ceux qu'on lui signale comme des rebelles ; il serait plus beau de les vaincre par sa clémence.

Cependant l'armée continue sa marche ; déjà on aperçoit les murs de la Rochelle et sa rade maintenant déserte. Le roi s'arrête à une faible distance. Les principaux habitants de la Rochelle sont à ses pieds, et implorent sa pitié.

Cette députation avait rencontré le roi à un quart de lieue de la ville. Parmi ces députés on remarque deux vieillards; des rides sillonnent leur front vénérable; une longue barbe blanche couvre leur poitrine ; leurs vêtements simples indiquent qu'ils appartiennent à cette classe respectable que d'honnêtes revenus placent au-dessus des besoins, mais qui ne connaît ni les vices ni le luxe de l'oisive opulence, ni la servile abjection de l'indigence inoccupée. Ils s'énoncent avec cette pureté d'expression que donne une éducation soignée.

Coligny leur adresse de consolantes paroles.

D'autres, moins délicats et moins discrets, les accablent de questions. Les deux vieillards répondent, au nom de leurs malheureux concitoyens, que, loin de chercher à se justifier, ils se reconnaissent coupables; qu'ils avaient fait de longs et impuissants efforts pour s'opposer à l'insurrection, mais que le souvenir des ecxactions, des rigueurs qu'exercaient chaque jour les maltotiers, avaient rendu leurs remontrances inutiles, et qu'ils avaient ensuite suivi l'exemple des autres. Près du tombeau, arrivés au terme de leur carrière, ils ne formaient plus qu'un vœu, ils n'imploraient du roi qu'une grâce; c'était d'expier seuls la faute commune.

Seuls ils devaient périr, trop heureux d'obtenir, au prix d'une vie qui allait s'éteindre, le pardon de leurs concitoyens; en cédant à leur humbles prières, le roi ne trouverait dans les Rochelois que des sujets dévoués, et qui, jeunes encore et dans la fleur de l'âge, s'empresseraient de lui prouver, par leurs utiles services, et leur reconnaissance et leur fidélité.

Ainsi parlèrent ces deux vénérables doyens de la ville de la Rochelle; telle était l'humble harangue qu'ils étaient chargés d'adresser au roi.

Coligny recueillait en silence leurs paroles suppliantes. Ses regards se portaient tour à tour sur les deux vieillards et sur le roi. Toute l'armée plaignait les Rochelois; le prince seul conservait toute sa sévérité. Les députés attendent à genoux qu'il leur soit permis de faire parvenir au roi l'expression de leur repentir.

Le roi, sans daigner les entendre, les fait charger de fers, et se fait précéder dans la ville par cet effrayant cortége.

Coligny n'a point déserté la cause sacrée du malheur ; il redouble d'efforts et de zèle ; tout tremble dans la ville; déjà les soldats étrangers, qui alors composaient une partie de nos armées, marquent de l'œil et du geste les lieux qu'ils vont dévaster, les maisons, les magasins qui vont s'ouvrir à leur brutale cupidité; tout annonce que de sanglantes exécutions vont donner le signal du pillage. Coligny seul est calme; il croirait outrager le roi s'il pouvait le soupçonner capable d'ordonner à des Français d'égorger, sous ses yeux, des Français.

Le roi cède aux inspirations, aux vœux du médiateur des Rochelois ; les prisonniers sont rendus à la liberté; l'armée s'éloigne de la ville; le roi reste seul avec Coligny et quelques uns des principaux officiers. Il ne veut d'autre garde que la milice bourgeoise de la Rochelle, et il accepte un repas dont les magistrats de la Rochelle dirigent seuls les apprêts et font tous les honneurs.

Quelle fête! quel jour pour Coligny! Mille voix le proclament le libérateur de la Rochelle. La présence du roi peut à peine suspendre l'expression de l'allégresse et de l'admiration des Rochelois.

Non, jamais un plus beau jour ne charma l'existence de Coligny; rien ne manquait à son bonheur. Son frère en est témoin; François de Coligny, que je n'appellerai plus que de son nom historique, Dandelot, que les caresses et les larmes de sa mère n'avaient pu retenir auprès d'elle, était venu partager les dangers et la gloire de son cher Gaspard.

Le roi ne fit à la Rochelle qu'un très court séjour; il partit aux acclamations de toute la population qui se pressait sur ses pas. Les deux frères Châtillon le suivaient à peu de distance, et ils étaient salués par des acclamations nouvelles.

Dans les jours d'adversitité, Coligny trouva pour lui et les siens un généreux asile dans la Rochelle, qui n'oublia jamais tout ce qu'elle lui devait de reconnaissance. Les efforts de la calomnie peuvent rendre quelquefois les peuples abusés, injustes envers leurs défenseurs; mais livrés à leur propres inspirations, ils ne sont jamais ingrats.

Dans les circonstances pénibles où il se trouvait alors, et pour résister à son redoutable rival (1), François Ier

(1) François Ier, avec des qualités supérieures à son rival, fut plus grand dans les procédés, et moins heureux dans les évènements. Distrait par ses plaisirs, trop faible pour ses maîtresses, souvent dominé par une mère galante et ambitieuse, les premières places étaient données à la faveur.

Charles-Quint, politique plus adroit, s'appliquait aux affaires, avait des généraux habiles et un ministère éclairé. Les grands moyens ne furent pas toujours les siens; il joue néanmoins le premier

avait besoin du concours de toutes les volontés, de l'union des efforts de tous les Français.

rôle, sans approcher de cette monarchie universelle qu'on dit avoir été son idole. Parcourons les fastes et nous verrons les faits. (Gautier de Sibert, Variations de la Monarchie française, t. 3, p. 317.)

La désastreuse journée de Pavie avait coûté à François plus que la vie, la liberté. Son heureux rival abusa du droit de la victoire en lui faisant signer un traité honteux. Charles-Quint avait montré dans cette circonstance plus d'orgueil que de prudence. S'il eût mieux connu nos lois fondamentales, il aurait su que nos rois ne peuvent disposer de la plus faible partie de territoire sans l'assentiment des états généraux.

En exigeant de son prisonnier la cession de deux provinces, il lui imposait une condition qu'il n'était pas en son pouvoir d'exécuter, et qu'il n'exécuta pas en effet, par la résistance même d'une des provinces dont il lui avait abandonné la souveraineté par le traité de Madrid. Fort de l'appui de la nation, jalouse de ses droits, et déterminée à les défendre, François s'était relevé plus puissant que jamais.

Il n'avait cédé qu'à la nécessité; il avait d'abord refusé d'accepter les propositions de Charles-Quint.

Charles-Quint semblait n'exister que par le sentiment de sa haine contre François Ier. Non content de lui avoir

« Allez dire à l'empereur, avait-il répondu à son « envoyé, que je renoncerai à mes états d'Italie, « et aux hommages des comtés de Flandre et « d'Artois; que je rétablirai le duc de Bourbon « dans ses biens, et lui ferai même épouser Mar- « guerite, duchesse d'Alençon, ma sœur, qui vient « de perdre son mari.

« Mais je resterai plutôt toute ma vie en prison « que de rien démembrer de mon royaume de « France, et que si j'étais assez lâche pour le faire, « mes peuples n'y consentiraient jamais. »

Et cependant il le fit; mais il avait bien jugé de l'attachement des Français à leurs droits. François rendu à la liberté se trouvait à Cognac, où il avait réuni une assemblée de notables; une députation des états de Bourgogne vint l'y trouver; il la reçut en présence de l'assemblée.

« Nous avons partagé, dirent les députés bour- « guignons, la joie de toute la nation en apprenant « la délivrance de Votre Majesté, mais nous n'a- « vons pu voir sans une douleur extrême que « votre duché de Bourgogne devenait le prix de « votre liberté.

« Nous l'aurions rachetée, cette liberté pré-

disputé avec succès la couronne impériale, que sept rois de France avaient déjà portée, il cherchait partout des

« cieuse, aux dépens de nos vies et de tous nos « biens; mais devait-ce être au prix de la fidélité « et de l'attachement que nous vous avons voués; « au prix du nom français dont nous nous ho- « norons, et auquel Votre Majesté veut aujourd'hui « que nous renoncions?

« Nous n'y consentirons jamais, Sire, et Votre « Majesté n'a pas droit non plus de nous y contrain- « dre. Elle violerait les serments faits à son sacre.

« Si elle persistait à vouloir nous livrer à une « domination étrangère, nous en appellerions aux « états généraux; et s'ils nous abandonnaient, nous « défendrions nous-mêmes notre province jusqu'au « dernier soupir, et nous mourrions Français. »

Cette harangue courageuse et patriotique rendit le monarque au sentiment de sa dignité. Le vice-roi envoyé par Charles-Quint était présent; il apprit à mieux apprécier les Français.

« Sire, après ce que je viens d'entendre, dit-il « à François, il ne reste plus qu'un parti à prendre « à Votre Majesté, c'est de repasser les Pyrénées, « et d'aller, à l'exemple du roi Jean, se remettre « dans sa prison de Madrid, si elle veut sauver « l'honneur de sa parole....

auxiliaires qui s'associassent à ses projets hostiles contre la France.

— « L'empereur, lui répondit brusquement le « roi, ne m'a point traité comme Édouard a traité le « roi Jean.

« J'ai protesté plusieurs fois devant ses ministres, « comme devant les miens, contre l'injustice de ses « demandes. Je ne veux point cependant qu'il m'ait « donné ma liberté pour rien : qu'il me rende mes « deux fils, et je lui donne deux cent mille écus d'or.

« A l'égard de l'honneur de ma parole, étais-je « libre quand je l'ai engagée, et l'empereur ne m'en « a-t-il jamais manqué? »

J'ai cru devoir rappeler ce trait, quoique étranger à l'histoire particulière de Coligny. Il donne une juste idée des deux monarques et de la nation. Et les mêmes ennemis sont encore en présence, et Coligny défend encore la même cause.

CHAPITRE VII.

Ligue contre la France. — Bataille de Cerisoles. — Coligny et son frère faits chevaliers sur le champ de bataille. — Siége de Carignan.

En marchant sur la Rochelle, François Ier avait tout disposé pour repousser les attaques de Charles-Quint, qui venait de se liguer avec l'Angleterre. Une armée française était déjà rassemblée dans les campagnes de l'Artois.

Le duc d'Orléans s'était rendu maître de Luxembourg, et Dubellay de Landrecies. Il y fut bientôt assiégé lui-même par un des lieutenants de Charles-Quint, Gonsague de Mantoue.

Coligny et Dandelot marchent avec l'armée chargée de secourir Dubellay, et de faire lever le siége que commandait Charles-Quint lui-même à la tête d'une formidable armée.

François Ier a des troupes moins nombreuses ; mais tous ses soldats sont Français, et ils combattent sur leur territoire, pour en chasser l'étranger. Impatient de se mesurer avec l'ennemi, François a donné le signal du combat ; lui-même marche à la tête de ses colonnes. Coligny, Dandelot, rivalisent d'audace et de succès. L'armée impériale, harcelée par les sorties et les attaques de l'armée du roi, est forcée de lever le siége, et l'orgueilleux Charles-Quint se retire honteusement devant les guerriers de la France.

Les armées françaises en Italie n'obtenaient pas des succès aussi brillants (1). Les ordres de la cour, ou

(1) Brave sur le champ de bataille, mais sans caractère dans le cabinet, François Ier, plus homme

plutôt les intrigues de la duchesse d'Étampes, enchaînaient le jeune courage et les talents précoces du comte

de plaisir qu'homme d'état, ne s'arrêtait à aucun plan fixe, et abandonnait à sa maîtresse ou à sa mère le choix de ses généraux et le trésor public.

Dans un tel désordre, les revers paraissent inévitables et les succès impossibles. Boutières commandait en Piémont; il avait quatre mille Français et cinq mille étrangers. Le défaut d'argent, la jalousie de quelques chefs, ne lui permettaient pas de suivre ses opérations. Il avait pu s'emparer de quelques places peu importantes, et l'ennemi avait eu le temps de se fortifier dans la Carignan, dont il eût dû d'abord s'emparer. Ce fut un malheur, et non pas une faute. Le général français n'avait pas été maître d'exécuter sur ce point les ordres du roi; il n'en fut pas moins disgracié.

François avait envoyé pour le remplacer dans le commandement de cette armée le comte d'Enghien. Ce prince avait inutilement tenté de reprendre Carignan; informé que le général ennemi, Duguast, réunissait son armée pour se porter sur ce point, il le prévint et s'y établit.

Il avait dépêché au roi Montluc, qui n'était alors que capitaine d'infanterie. Il l'avait chargé de réclamer des fonds pour solder l'armée, et surtout les

d'Enghien, frère du roi de Navarre et du prince de Condé; enfin ce général obtient la permission de livrer bataille. A cette nouvelle, Coligny et son frère pressent le roi de leur permettre d'aller en Italie, et l'obtiennent. Le comte d'Enghien leur fit l'accueil le plus flatteur.

Tout était prêt pour la bataille; mais le comte, déférant aux avis de ses principaux généraux, l'avait prudemment différée.

étrangers, qui menaçaient de refuser leur service et de demander la permission de livrer bataille.

La France était alors menacée d'une double invasion par Charles-Quint et les Anglais. Le trésor était épuisé; le roi s'en rapporta au comte d'Enghien quant à la bataille, mais ne lui envoya ni renforts, ni argent.

Coligny et son frère partirent pour l'Italie; un grand nombre de jeunes gentilshommes suivirent leur exemple; et en arrivant, ils réunirent une partie de leurs propres fonds pour la solde arriérée de l'armée.

Cédant enfin aux vœux de ses jeunes compagnons d'armes, il a résolu de ne plus différer. Coligny et son frère servaient comme volontaires; le prince leur confie le commandement d'une forte colonne; ils s'élancent sur le corps d'armée que commandait le général ennemi; c'était le marquis Duguast. Coligny rappelle à ses soldats le double assassinat commis par les ordres du marquis; deux ambassadeurs égorgés par ses sicaires; le droit des gens, cette première loi des peuples policés, violé par cet attentat (1). Il dit, et s'élance avec son frère sur l'ennemi. Tout cède

(1) François Ier avait envoyé en ambassade Antoine de Rincon, né en Espagne, et gentilhomme de sa chambre, et César Frégose, Génois, le premier à Constantinople, et le second à Venise.

Le marquis Duguast, général des troupes impériales, informé de cette double mission, imagina, pour faire sa cour à Charles-Quint, son maître, de s'emparer des dépêches de ces deux ambassadeurs, et plaça des gardes sur tous les passages; ses émis-

à leurs efforts; ils pénètrent jusqu'au général, qui tombe bientôt grièvement blessé; les autres chefs font d'inutiles

saires avaient ordre de tuer les ambassadeurs et de s'emparer de leurs papiers.

Ils s'étaient embarqués tous deux à Turin. Duguast fit placer dans un bateau des soldats de la garnison de Pavie; ils atteignirent les ambassadeurs français au-dessous de Casal, et les égorgèrent. Duguast n'avait commis qu'un crime inutile; ces ambassadeurs n'avaient point avec eux leurs instructions. Le prudent Laugey, pour prévenir les accidents d'un voyage au milieu des troupes ennemies, s'était fait remettre leurs dépêches, et les attendait à Venise, où Rincon devait s'embarquer pour se rendre auprès du sultan Soliman.

Duguast avoit pris toutes les précautions possibles pour que cet assassinat ne fût point découvert, mais Laugey en apprit toutes les circonstances par le rapport des bateliers et de quelques personnes de la suite des ambassadeurs, et se hâta d'en instruire le roi, qui en informa toutes les cours de l'Europe. Le crime de Duguast fut public, et François Ier redoubla d'efforts pour assembler une puissante armée contre l'empereur Charles-Quint, qui se rendit complice de Duguast en récompensant cet assassin.

efforts pour rallier leurs soldats épouvantés ; la déroute est complète, et les Français restent maîtres du champ de bataille. Duguast, pour échapper aux vainqueurs, se fit transporter au milieu des débris de son armée, et se réfugia à Milan.

La victoire de Cerisoles rendit à nos armes leur premier éclat. Le comte d'Enghien et ses braves compagnons couchèrent sur le champ de bataille ; mais avant de se livrer au repos, le prince a fait réunir en divers faisceaux les drapeaux enlevés à l'ennemi, les canons, les mousquets ; une vaste enceinte reste ouverte au milieu de ce cirque triomphal.

Le comte d'Enghien, suivi de tout son état major, s'avance avec Coligny et Dandelot ; il s'arrête au centre ; une musique guerrière fait retentir les airs ; au bruit des clairons et des tambours uccède le fracas de cent canons. Le prince commande le silence, et avec les cérémonies usitées à cette époque, il arme et proclame chevaliers les deux frères Coligny et d'autres officiers qui se sont signalés par leur bravoure dans cette fameuse journée.

Coligny et Dandelot brûlaient de justifier, par de nouveaux exploits, l'honneur qu'ils venaient de recevoir. Le comte ne quitta le champ de Cerisoles, à la tête des nouveaux chevaliers, que pour aller assiéger Carignan ; ils sont bientôt sous les murs de la ville.

Coligny et son frère s'avancent les premiers pour attaquer la contrescarpe ; déjà ils sont dans la tranchée, encourageant et défendant les travaux.

Le comte d'Enghien veut en vain les arracher de ce poste périlleux qui ne convient qu'à des guerriers vulgaires : « Le poste du danger est toujours le poste d'honneur, » répond Coligny : et il reste dans la tranchée.

Cependant le prince a tout disposé pour une attaque générale. Le signal est donné; Coligny, Dandelot, ont saisi deux drapeaux, et les ont lancés dans la contrescarpe : leur exemple est suivi sur toute la ligne; toute l'armée se précipite vers les murailles; les échelles sont bientôt couvertes de guerriers : le feu croisé des batteries ne peut suspendre leur ardeur; le soldat qui tombe est à l'instant remplacé par celui qui le suit; la contrescarpe est enlevée.

Les assiégés, qu'un tel prodige de valeur épouvante, demandent à capituler; et cette ville, qu'il eût été glorieux d'enlever après un long siége, n'arrête que peu de temps l'armée française. La garnison obtint de sortir enseignes ployées, tambour couvert, et sans aucune pièce d'artillerie, avec promesse de ne point porter de six mois les armes contre la France. Leur gouverneur vint en France se mettre entre les mains du roi. Il devait y rester un an, si sa majesté le jugeait ainsi. Excédée de fatigue et de besoin, la garnison aurait péri sur la route, si les vainqueurs n'eussent eu la générosité de lui fournir des vivres et des chariots. Elle marchait de succès en succès, et quelques jours encore, la conquête du Milanais terminait la campagne des héros de Cerisoles....... Mais le comte d'Enghien, qu'il eût fallu soutenir par des renforts, reçoit l'ordre de détacher douze mille hommes de son armée. François a cessé de régner; les rênes de l'état sont entre les mains d'une femme : ce roi, si brave, si fier, n'est plus que l'esclave de sa maîtresse, dont la puissance est à la fois un scandale et une calamité publique.

Le comte d'Enghien avait informé le roi de ses succès; il rendait le plus éclatant témoignage à la valeur et aux talents de Coligny et de son frère; il semblait s'oublier lui-même pour appeler l'attention du roi sur ces jeunes guerriers. Son espoir ne fut point trompé : le roi, malgré son aversion pour le connétable, ne fut point indifférent aux nobles exploits de ses deux neveux; il leur écrivit une lettre extrêmement flatteuse, avec ordre de se rendre à la cour.

On savait que le roi se disposait à ouvrir une nouvelle campagne dans le nord. Coligny et son frère brûlaient de se distinguer sous les yeux du roi; ils se hâtèrent de prendre congé du comte d'Enghien, et partirent pour la France. Ils trouvèrent à Saint-Germain-en-Laye le roi, qui leur fit l'accueil le plus gracieux, et leur permit d'aller voir le connétable leur oncle.

Ils ne restèrent que peu de temps auprès de lui, et revinrent à Saint-Germain prendre les ordres du roi pour la nouvelle campagne.

CHAPITRE VIII.

Siége de Luxembourg par Charles-Quint. — Trahison de la duchesse d'Étampes et du comte de Bossu. — Traité de Crespy entre l'empereur et François Ier. — Nouvelles intrigues à la cour. — Nouveaux revers à l'armée. — Prise de Boulogne par les Anglais.

Le frein de l'opinion publique ne se fait point assez sentir dans les états dont la civilisation est peu avancée. L'opinion marche avec l'instruction. La position de la France, qui pouvait alors dicter des lois à l'Europe par ses armées, allait changer.

François Ier ne devait plus songer à de nouvelles conquêtes. Le territoire était menacé par la ligue de l'empereur Charles-Quint et du roi d'Angleterre.

Déjà les deux monarques avaient arrêté leur plan d'invasion. Les Anglais devaient attaquer au nord et les impériaux au midi, et se diriger ensuite sur la capitale; déjà ils s'étaient partagé le royaume.

Ils s'étaient distribué les provinces à leur convenance. Charles-Quint retenait l'Alsace, la Bourgogne, le Dauphiné, etc. L'Anglais se réservait la Normandie, la Guyenne et la capitale; il se flattait de l'espoir de remettre sous la domination anglaise les provinces que cette puissance avait si long-temps possédées, et dont Dunois, et les autres valeureux capitaines de Charles VII l'avait expulsée.

Maître de la capitale, il lui serait facile de ranimer l'ancienne faction de Betfort, et de parvenir jusqu'au trône.

Tels étaient les projets et les espérances de Charles V et d'Henri VIII; et l'un et l'autre comptaient moins sur la force de leurs armes, sur les talents de leurs généraux et le courage de leurs guerriers, que sur les traîtres qu'ils salariaient à la cour de François Ier.

Cette coalition de l'Angleterre et de l'empire était trop divisée d'intérêt pour combiner franchement ses opérations. Le monarque anglais craignait que la France effrayée ne se hâtât de traiter avec l'empereur, et ne s'unît ensuite à lui contre l'Angleterre; et l'empereur n'était nullement disposé à procurer à l'Anglais la conquête de la capitale de la France.

Dès l'ouverture de la campagne, il fut aisé de s'apercevoir que les coalisés n'étaient pas d'accord, et que chacun d'eux agissait d'après ses propres inspirations, et suivait le plan d'opérations qu'il croyait le plus convenable à ses interêts du moment.

Le roi d'Angleterre parut le premier sur les côtes de Picardie, que les troupes françaises avaient abandonnées pour aller protéger la Champagne, que menaçaient les armées impériales. Henri VIII, étonné lui-même de la facilité de ses conquêtes, ne songeait qu'à se maintenir, et avait résolu de s'emparer de Boulogne et de Montreuil-sur-mer.

L'empereur vint assiéger Luxembourg, et s'en rendit bientôt maître; et, poursuivant sa marche victorieuse, il s'était avancé jusqu'à Saint-Dizier. Le dauphin vole à sa rencontre; Coligny servait sous ses ordres.

Ce prince avait rempli le plus cher de ses vœux, en lui donnant le commandement d'un régiment. Quelques officiers qui avaient vieilli dans les grades inférieurs, et qui comptaient moins les services que les années du nouveau colonel, attribuèrent à la faveur du dauphin ce qui n'était qu'un acte de justice.

L'armée, comme la cour, était alors divisée en deux partis. La duchesse d'Étampes, maîtresse du roi, ne cessait d'intriguer contre le dauphin, et en faveur du duc d'Orléans son frère, dont la honteuse déférence flattait son orgueil.

Elle craignait que l'héritier présomptif du trône, ajoutant aux prérogatives de son rang l'éclat de la victoire, ne lui disputât l'empire absolu qu'elle avait sur le cœur du roi. L'épuisement du trésor n'avait pas permis d'approvisionner et de fortifier les places frontières, et d'y entretenir de nombreuses garnisons; et la plupart des commandements avaient été donnés aux courtisans de la favorite. Il avait été facile à l'empereur de se rendre maître de l'importante place de Luxemboug et de Ligny; mais son armée aurait échoué devant Saint-Dizier, si la mort imprévue du gouverneur et l'inexpérience de son successeur ne lui en eussent facilité la conquête.

Le dauphin, moins jaloux d'illustrer son nom que de délivrer la France des troupes étrangères qui l'avaient envahie, ne cessait de presser le roi de rappeler à la tête des armées le connétable, qui, dans les campagnes précédentes, avait vaincu l'empereur lors de sa première irruption en Provence.

La favorite haïssait le connétable, et rendait inutiles les réclamations du dauphin, dont l'appui d'un aussi grand guerrier eût assuré les succès.

Les chefs, les officiers des deux armées des princes, qu'une noble émulation eût dû animer contre l'ennemi commun, ne suivaient que les funestes inspirations qu'ils recevaient de la cour. Une fatale jalousie paralysait leurs efforts. Cependant le dauphin, malgré les obstacles que lui opposaient les intrigues de la favorite, eût pu obtenir d'inespérés succès.

Il avait fait resserrer toutes les récoltes; il aurait réussi à réduire par la famine un ennemi qu'on l'empêchait de combattre.

L'armée de Charles-Quint se trouvait réduite à la dernière extrémité : il ne pressait plus le roi d'Angleterre de marcher sur la capitale, et songeait lui-même à opérer sa retraite.

Une nouvelle trahison le sauva. La duchesse lui vendait les secrets de l'état. Elle le fit informer par des émissaires qu'une grande partie des blés et des fourrages de cette fertile province étaient renfermés dans Épernay et Château-Thierry.

L'empereur dirigea toutes ses forces sur ces deux places, et s'en rendit maître. Tout lui fut livré par le comte de Bossu, agent secret de la duchesse (1). On ne prit pas même la peine de couvrir du voile du mystère cette infâme trahison.

L'empereur, qui, avant cet événement, eût demandé la paix, et subi les conditions que François Ier eût voulu lui imposer, reçut les propositions d'un accommodement avec toute l'orgueilleuse prétention d'un vainqueur.

Il n'était plus qu'à trois journées de marche de la capitale. Les Parisiens, effrayés, se hâtèrent d'aller chercher un asyle dans les contrées que l'ennemi ne menaçait point encore. Les rivières étaient couvertes de bateaux chargés

(1) La trahison du comte de Bossu resta longtemps impunie. Le dauphin ne l'avait point oubliée, et à peine fut-il sur le trône, qu'il fit poursuivre le comte et ses complices. Le traître allait subir sa peine; mais à la puissance d'une favorite avait succédé celle des Guises, et le coupable acheta du cardinal de Lorraine, par le don de sa belle seigneurie de Marchez, près de Laon, l'impunité de son crime.

de meubles, de femmes et d'enfants; toutes les routes étaient encombrées de familles fugitives.

Les deux armées longeaient les rives de la Marne; tout se réduisait à de continuelles escarmouches sans résultats.

Cependant Coligny, dont cet état de défensive laissait reposer la valeur, donnait tous ses soins à rétablir la discipline dans son régiment. Les officiers, habitués à la mollesse de la cour, reçurent de lui l'exemple d'une vie plus mâle et plus active. Il leur donna l'ordre de se présenter chaque matin chez lui.

Cette innovation déplut. Le colonel l'avait prévu, et, après une épreuve de quelques jours, il révoqua son ordre en révélant à ses officiers le motif qui l'avait déterminé à le donner. Il firent depuis, par affection, ce qu'ils ne faisaient que par devoir. Ce régiment fut bientôt le modèle de l'armée.

La conquête de Saint-Dizier avait coûté cher à Charles-Quint; il avait perdu beaucoup de monde devant cette place. Les Allemands et les Espagnols, dont se composait son armée, étaient chaque jour prêts à se battre entre eux. Il avait fallu la diviser en colonnes séparées. Les Allemands désertèrent par bandes, impatients de rentrer dans leur pays avec le butin dont ils étaient chargés. La plupart furent désarmés et tués par les habitants des villages français.

Ainsi, sans avoir livré de bataille, l'armée impériale était réduite de moitié par les désertions et les maladies.

François Ier avait envoyé le cardinal de Mendoce et le duc de Guise à Paris; il avait donné des ordres pour y ramener le calme et la confiance; mais tout tremblait encore.

Le dauphin, mieux informé de la véritable situation de l'armée ennemie, s'opposait fortement à toute convention honteuse.

Charles-Quint était perdu si François Ier eût voulu employer ses forces. Une paix glorieuse eût été le résultat de cette campagne commencée sous de si funestes auspices.

Mais les intrigues de la favorite, les cris d'alarme des Parisiens, les instances du duc d'Orléans, séduit par les brillantes promesses de Charles-Quint, l'emportèrent; et la paix fut signée à Crespy, le 18 septembre, paix honteuse. François remettait à Charles vingt-deux places, et n'en recevait qu'une.

CHAPITRE IX.

Coligny devant Boulogne; il reprend la ville basse. —Le duc de Joinville est blessé.—Mort du comte d'Enghien et de François Ier.

Il restait encore un ennemi redoutable à combattre. Coligny reçut l'ordre de partir pour aller au secours de Boulogne, qu'assiégeaient les Anglais. Le dauphin commandait cette expédition. L'armée brûlait du noble désir de refouler au-delà des mers le seul ennemi qui pesait encore sur son territoire.

Le prince était près d'arriver à sa destination, quand il apprit que Boulogne avait capitulé. C'était encore un trait de la haine de la duchesse d'Étampes. Boulogne, défendu par le maréchal de Biez, aurait opposé une longue résistance ; elle lui fit donner l'ordre d'aller s'enfermer dans Montreuil, et de remettre le commandement à Jacques de Couci-Vervins, guerrier sans expérience, très protégé à la cour de la favorite, mais sans talents militaires.

Boulogne fut long-temps perdu pour la France, et le dauphin se vit obligé d'assiéger cette place qu'il croyait défendre. L'ordre d'attaque donné, Coligny, à la tête de son régiment, se rendit maître de la ville basse, et le reste aurait été enlevé si son régiment eût été mieux secondé ; mais les Anglais, rassurés par la lenteur des mouvements d'une grande partie de notre ligne, reprennent l'offensive et repoussent leur vainqueur. Coligny, le premier à l'attaque, protégea la retraite avec autant de prudence que de courage.

Rappelé un instant à Paris auprès du roi, il retourna bientôt au camp.

Le siége de Boulogne fut continué ; de nouvelles troupes vinrent grossir l'armée du dauphin ; Coligny était revenu avec le maréchal de Biez, et son premier frère d'armes, le prince Joinville. Chaque jour amenait un nouveau combat. Coligny ne se séparait jamais du prince de Joinville: il le vit tomber à ses côtés ; un coup de lance l'avait grièvement blessé à la tête. Effrayé du danger de son ami, il s'élance sur un cheval et court à la tente d'Ambroise Paré.

Tout entier à sa douleur, il n'a pas donné à l'habile médecin le temps de prendre les instuments nécessaires. Ambroise Paré examine la blessure, prend une tenaille de maréchal, et avec cet instrument grossier parvient à arracher le tronçon de la lance enfoncé dans la plaie.

Cette opération hardie, exécutée avec une dextérité prodigieuse, sauva la vie au prince, et rendit à Coligny un ami qu'il croyait avoir perdu sans retour.

Le roi fut témoin de cet événement remarquable dans l'histoire de l'art. Il avait amené avec lui son fils bien aimé, le duc d'Orléans.

Ce prince, après une courte maladie, succomba sous les yeux de son père. L'empereur se prétendit dégagé de la promesse qu'il avait faite de donner, avec la main de sa fille, l'investiture du Milanais au duc d'Orléans, et déclara que la mort de ce prince le laissait le maître de disposer à son gré de cet état, qu'il s'obstina à garder.

Un frère est un ami donné par la nature.
LEGOUVÉ, *Mort d'Abel.*

Pensée simple et sublime, et dont l'union constante, inaltérable des trois frères Chatillon offrait l'heureuse réalité.

Un trait de dévouement fraternel de Dandelot, au commencement de cette campagne, va donner une nouvelle preuve de son tendre attachement pour son frère.

Coligny, par sa loyauté, ses talents, l'extrême délicatesse de ses procédés envers ses subordonnés, avait mérité l'estime et la confiance des officiers de son régiment, qui se faisaient un devoir de l'accompagner partout. Les officiers des autres corps de l'armée se joignaient à eux.

Ce brillant cortége, les égards dont Coligny était l'objet involontaire, excitèrent l'envie de quelques vieux officiers de l'armée du duc d'Orléans.

L'un d'eux, Charri, se permit, sans nulle raison, quelques propos offensants contre le nouveau colonel. Dandelot l'apprend, et, sans en prévenir son frère, il va trouver Charri, et lui en demande satisfaction.

Tous deux sont bientôt au rendez-vous. Leurs amis arrivent au moment où le combat allait s'engager ; on les sépare.

Cet événement devint bientôt la nouvelle de l'armée. Le dauphin se prononça pour Dandelot, le duc d'Orléans pour Charri ; l'affaire allait être portée au roi.

Coligny blâma son frère de ne l'avoir pas prévenu, et d'avoir exposé sa vie pour une querelle qui n'était pas la sienne.

Le dauphin s'établit médiateur. Il réconcilia les deux rivaux, qui s'embrassèrent. Coligny était présent. Mais nous les verrons bientôt dans une autre querelle terminer leur différend d'une manière moins pacifique.

Cette aventure n'occupait plus la pensée de Coligny, quand la nouvelle d'un événement aussi douloureux qu'imprévu rappela ses souvenirs et ses regrets sur le théâtre de ses premiers exploits.

Un prince français, qui lui était bien cher, le comte d'Enghien, qui avait survécu aux chances désastreuses des combats, périt à la Roche-Guyon, par la chute d'un coffre qui lui fut jeté d'une fenêtre.

Ce n'était pas un effet du hasard, mais un coup prémédité par le jaloux Corneille de Bentevoglio, qui avait eu quelques démêlés avec le prince en Italie.

Le roi ne permit point que cette affaire fût portée devant les tribunaux, et cette défense lui fut inspirée par les amis de la maison de Lorraine, qui s'y trouvait compromise.

Un nouveau traité de paix termina la campagne de Picardie. Il fut convenu que les Anglais rendraient ce port à la France dans huit ans, moyennant le paiement d'une somme très considérable, et qui fut fixée par le traité.

Dans la nuit du 28 au 29 janvier de l'année suivante (1447), Henri VIII, roi d'Angleterre, qui avait épousé six femmes, en avait répudié deux, et fait mourir deux autres sur l'échafaud, termina une vie signalée par de grands crimes et par des coups d'état qui ont préparé l'agrandissement de la puissance britannique.

François Ier était du même âge, il avait été dominé par les mêmes passions; sa constitution physique était la même. La mort de ce prince le jeta dans une sombre mélancolie. Il ne pouvait trouver de repos nulle part; il errait d'un lieu à l'autre. Forcé, enfin, de s'arrêter à Rambouillet, il y mourut le dernier jour de mai 1447. Il n'avait survécu que quatre mois à Henri VIII.

CHAPITRE X.

Discipline militaire. — Coligny et son maître d'hôtel. — Henri II succède à François Ier, son père. — Rappel du connétable. — Coligny est nommé lieutenant général et inspecteur général de l'infanterie.

Les réglements de discipline militaire, comme les lois générales de l'état, n'ont de force durable qu'autant qu'elles sont également justes dans leurs dispositions et dans leur application. Le plan de réformation que Coligny avait établi pour son régiment n'eût obtenu qu'un succès éphémère, s'il n'avait suivi cette maxime de tous les temps et de tous les lieux.

Il savait, sans cesser d'être juste, tempérer dans son exécution la rigueur de son réglement ; et lorsque plusieurs officiers ou soldats s'étaient en même temps rendus coupables d'une même faute, et d'une faute légère, les contrevenants tiraient au sort, et un petit nombre subissait la peine.

Un cousin de son maître d'hôtel avait, avec plusieurs autres, manqué à la discipline. Le maître d'hôtel, en sollicitant la grâce de son parent auprès de son maître, ne se borna point à réclamer qu'il fût admis à tirer au sort pour la peine encourue; il insinuait qu'il serait facile d'aider le hasard et de favoriser son parent. Coligny l'interrompt: «Il est votre cousin, eh bien, il aura moins de grâce que les autres; surtout, gardez-vous de me tenir le même langage. Je ne vous blâme point d'intercéder pour votre parent; mais je ne puis vous pardonner de chercher à le sauver par une faute plus grande. Si je n'avais pitié de votre famille, je vous chasserais à l'instant même; mais tâchez d'être plus circonspect à l'avenir, ou vous ne me servirez pas un quart d'heure. » Cette leçon ne fut point perdue pour le maître d'hôtel ni pour son parent. Ce fut la nouvelle du régiment; et Coligny n'en fut que plus estimé et mieux obéi.

Le dauphin, auquel Coligny était resté fidèle pendant sa longue disgrâce, sous la domination de la duchesse d'Étampes, monta sur le trône. Il prit le nom de Henri II. Il s'empressa de rappeler à la cour le connétable de Montmorenci (1).

(1) Le premier dauphin, François, dauphin de Viennois et duc de Bretagne, était décédé en 1536. Il était mort du poison que lui avait fait prendre, dans une tasse d'eau fraîche, le comte Sébastien Montécuculi, Ferrarois.

Henri, second fils du roi, prit alors le titre de dauphin, et quitta celui de duc d'Orléans, qui passa à son frère puîné, Charles, qui mourut sans postérité. Henri n'était que duc d'Orléans quand il épousa Catherine de Médicis.

Coligny a devancé le courrier du roi. Son oncle reçoit cette nouvelle avec plus de plaisir que de surprise : il connaissait combien le dauphin l'aimait ; il ne perdit pas un instant pour se rendre à ses ordres.

Il voulut cependant se faire raconter en chemin tout ce que le prince avait dit à son sujet, pendant la vie du feu roi. Il se faisait répéter surtout ses dernières paroles à Coligny, en lui annonçant son rappel ; puis, fixant avec orgueil ses regards sur son épée et sur les insignes de sa haute dignité, il jouissait d'avance de la brillante réception qui l'attendait à la cour. Il fallut que Coligny passât en revue tous les seigneurs, toutes les dames qu'il avait connus autrefois ; et le connétable s'arrêtait à chaque nom, pour lui rappeler des anecdotes dont lui seul avait le secret.

Enfin, il aperçoit les murs de Paris. Il s'étonne des nouveaux établissements civils et religieux qui se sont élevés pendant son long exil. L'abbaye Saint-Nicolas, l'église de Saint-Médéric, l'hôpital des Enfans-Rouges, l'Hôtel-de-Ville, et surtout le Collége-Royal, qui devait être un jour l'école normale de l'Europe.

Ses yeux, humides de larmes, s'arrêtent sur le portail de l'hôtel Saint-Paul (1). Il s'aperçoit bientôt qu'il est

(1) Les rois des deux premières races habitaient rarement Paris; ceux de la troisième y résidèrent plus long-temps; le lieu de leur résidence a souvent varié. Le manoir de saint Louis était sur l'emplacement où a été construit depuis le Palais-de-Justice.

Ses successeurs habitèrent l'hôtel saint Paul et le palais des Tournelles; ils avaient dans d'autres quartiers des maisons qu'on appelait le petit séjour du Roi, ou l'hôtel des Esbatements. On employait même alors un terme vague pour désigner une maison exclusivement destinée aux plaisirs du monarque.

L'hôtel des Esbatements de François Ier était près du quai de la Vallée. On voit encore rue de

attendu; la garde est sous les armes. Le roi, oubliant sa dignité et les lois de l'étiquette, s'est avancé au devant du vieux connétable.

Montmorenci tombe à ses genoux; le roi s'empresse de le relever, se jette dans ses bras, et le conduit à la salle du trône; là il présente lui-même le connétable à sa cour.

La duchesse de Valentinois ne vit point sans crainte les preuves d'attachement et de bonté dont le roi comblait le connétable. Elle possédait le cœur du roi, et voulait le posséder tout entier. Cependant elle parut partager la joie de son amant, et laissa au temps à l'éclairer sur la conduite qu'elle devait tenir.

l'Hirondelle, au fond de la cour de la maison n° 7, un écusson représentant une salamandre au milieu des flammes, avec ces mots:

Nutrico et extinguo.

C'était la devise de ce monarque galant et guerrrier.

Le roi ne voulut point que Coligny s'éloignât de lui; il lui fit donner un appartement à l'hôtel Saint-Paul, près de celui qu'il avait fait préparer pour le connétable.

Les ministres, les grands officiers de la couronne, logeaient alors dans cet hôtel. L'appartement du roi n'avait qu'un petit nombre de pièces, dont la tradition historique nous a conservé la modeste description; un simple bourgeois de nos jours ne le trouverait pas digne de lui.

Coligny devint le commensal du roi, le confident de toutes ses pensées; le jeune prince paraissait du moins, avoir en lui une confiance sans bornes, et le consulter sur ses desseins les plus secrets avec tout l'abandon de la plus franche amitié.

On aurait pu croire que Henri, se rappelant enfin les dernières instructions de son père expirant, était déterminé à ne laisser aux princes lorrains aucune influence dans le gouvernement. La jeune reine, Catherine de Médicis, semblait partager les sentiments de son époux, et Coligny dut croire qu'il n'aurait jamais rien à redouter de leur ambition.

Il se montra digne de la haute faveur dont jouissait sa famille. Le connétable avait tout le pouvoir d'un premier ministre; il occupait la première dignité de l'état, il ne voyait que les princes du sang au-dessus de lui; ses anciens services le plaçaient au premier rang parmi les chefs de l'armée. L'un de ses neveux était prince de l'église, les deux autres avaient mérité les premiers grades de l'armée avant de les obtenir.

Tout semblait assurer à la famille des Châtillon le plus brillant avenir. Coligny profita de son crédit pour faire valoir les droits et les intérêts de ses compagnons d'armes. Jamais il ne proposa au roi que des sujets dévoués à son service, et zélés pour le bien de l'état. Il n'oublia que lui.

Le roi voulait toujours l'avoir près de sa personne. Il savait se respecter quand le prince oubliait ce qu'il se devait à lui-même, à sa dignité, aux convenances sociales. Il s'abstenait souvent, mais sans affectation, de se présenter chez la favorite, Diane de Poitiers. Elle voyait toute la cour à ses pieds; le connétable lui-même s'y montrait au milieu de la foule des courtisans. Son exemple ne fut point contagieux pour ses neveux.

La favorite ne put voir sans dépit la réserve du connétable et le dédain prononcé de Coligny et de son frère Dandelot; elle parvint dans la suite à voir le premier dignitaire de l'état descendre au rang de ses familiers; mais Coligny et son frère continuèrent de tenir leur rang sans la flatter ni la craindre.

Coligny paraissait au comble de ses vœux ; il entrait dans sa trente-unième année; aux qualités d'un homme aimable il réunissait ces qualités plus rares qui inspirent la confiance et l'estime; au milieu d'une cour à la fois guerrière et galante, tout le monde, les dames surtout se demandaient quelle belle avait su le fixer. C'était son secret.

A l'exemple des maîtres, toute la cour, moins pieuse que dévote, suivait avec une égale affectation les actes extérieurs de religion, les jeux et les banquets, se montrait tour à tour dans les bals, les spectacles, les festins et les églises. Des vertus apparentes et des vices réels; tel était le tableau de la cour.

Coligny, toujours lui-même, se livrait au plaisir avec toute la candeur de son âge. Mais retiré chez lui, et libre enfin de suivre le plan de vie intérieure qu'il s'était tracé, il ne s'en departait jamais qu'à l'armée, où l'emploi de son temps dépendait des circonstances.

Il se levait de très bonne heure, et avant même qu'un de ses domestiques entrât dans sa chambre, il faisait sa prière du matin, qui durait un quart d'heure. Il s'habillait ensuite et visitait ses écuries; il prenait un soin particulier de ses chevaux. On le citait comme un des meilleurs cavaliers de son temps. Il ne passait pas un seul jour sans en monter plusieurs. Il aimait à dompter les plus fougueux, et passait plusieurs heures à cet exercice.

Il se retirait ensuite dans son cabinet, et donnait une heure à l'étude; l'histoire surtout était l'objet de ses méditations. Il entendait ensuite la messe dans son oratoire particulier, et se rendait après à celle du roi, qu'il ne considérait que comme un acte de représentation. Toute la cour y assistait, et la foule des courtisans y multipliait les distractions.

Il passait auprès du roi le reste de la matinée, et rentrait chez lui pour dîner. Il recevait chaque jour quelques amis ou parents, ou des officiers de l'armée. Le repas fini, il faisait distribuer des cartes à ses convives. C'était un sacrifice bien involontaire qu'il faisait à l'usage reçu, et pour ne point se singulariser.

Tandis que l'on jouait dans son salon, il restait seul dans son cabinet, où il s'était fait une bibliothèque choisie. Il revenait ensuite au Louvre, où il faisait la partie du roi ou du dauphin, à la paume, au billard ou au mail.

Il n'aimait point les jeux de hasard; s'il les tolérait pour les autres, il savait du moins s'en abstenir. Il en connaissait les funestes et inévitables conséquences. Il disait souvent que, dans l'intérêt de la religion et des mœurs, il eût fallu les défendre sous les peines les plus sévères.

Les Italiens que Catherine de Médicis avait amenés de Florence avaient ajouté aux fléaux de dépravation et d'immoralité dont ils avaient infesté la France la fureur du jeu.

Coligny venait d'être témoin des déplorables effets de cette funeste passion. Un seigneur avait perdu en peu de temps toute sa fortune; une seule soirée avait dévoré tout ce qu'il possédait. Effrayé de l'avenir déplorable qui l'attendait, il n'ose plus rentrer chez lui; il ne pourra soutenir les regards de son épouse et de ses enfants. Son épée lui reste, et sa main désespérée a terminé ses remords et sa vie (1).

(1) Le jeu de cartes ou tarrots passa d'Orient en Italie vers la fin du 13e siècle, et d'Italie en France au commencement du 14e. Il était fort en usage sous le règne de Charles VI. En passant d'un pays

Dans cette sinistre soirée, le roi ne s'était montré qu'un instant à sa cour, et s'était retiré dans son cabinet avec Coligny. Les courtisans avaient remarqué cette circonstance, qui dut leur

à un autre, les figures changèrent, et on y adopta le costume de chaque nation; sous les noms de David, Alexandre, César, Charlemagne, Pallas, Angélique, on désignait en France les principaux personnages du temps. C'est par erreur que Saint-Foix, et d'après lui plusieurs historiens, prétendent que ce jeu a été *inventé* sous le règne de Charles VI, et pour distraire ce prince pendant sa maladie. Ils fondent cette opinion sur un article des comptes de Charles Poupart, argentier de Charles VI, ainsi conçu: « Donné cinquante-six « sols parisis à Jacques Gringoneur, peintre, « pour trois jeux de cartes à or et à diverses cou-« leurs, de diverses devises, pour porter devers « ledict seigneur roy pour son esbattement. »

Cet article prouve bien que ce peintre avait enjolivé des cartes pour l'usage du roi, mais nullement qu'il en ait été l'inventeur; et des documents certains prouvent que les cartes à jouer existaient en France auparavant. A une époque moderne où l'on prétendait tout réformer, on ne fit que changer les costumes et les noms des figures.

inspirer plus de jalousie que de surprise; le roi les avait habitués à le voir traiter Coligny avec la même intimité.

Coligny s'était retiré chez lui après le coucher du roi, et, suivant son usage, il s'était jeté sur son lit après avoir assisté, avec toute sa maison, à la prière du soir.

Il avait passé une nuit fort agitée, et le lendemain, au moment même où il se disposait à se rendre auprès du roi, se présente chez lui un gentilhomme qu'il ne connaissait que sous des rapports honorables, et avec lequel il vivait dans la plus grande intimité. Ce seigneur le félicita du crédit dont il jouissait à la cour, de l'extrême confiance dont le roi se plaisait à lui donner chaque jour des preuves.

Coligny crut qu'il allait le prier de demander pour lui quelque charge honorable; mais quelle fut sa surprise quand il l'entendit le supplier avec les plus vives instances d'obtenir pour lui le privilége exclusif de tenir à Paris une maison de jeu! « Si j'avais, lui répondit Coligny avec l'accent de l'indignation, si j'avais auprès du roi le crédit qu'on me suppose, je me hâterais d'en profiter pour faire fermer ces repaires infâmes où s'engloutissent chaque jour la fortune et l'honneur des familles. » Le solliciteur se retira confus, et Coligny ne voulut plus le revoir (1).

(1) Ces priviléges devinrent plus communs sous les règnes suivants, et surtout sous Louis XIV et Louis XV. Presque toutes les maisons de jeu de Paris étaient exploitées par de grands seigneurs ou par des dames de la cour, qui les faisaient gérer pour leur compte par des valets affidés. On appelait ces honteuses concessions des privilèges de *pharaon*. C'était le jeu en vogue à cette époque. Ces scandaleuses immunités, proscrites par nos mœurs, devraient l'être par nos lois.

CHAPITRE XI.

Le mendiant de l'église des Jacobins. — Projet de mariage. — Les frères rivaux. — Diane de Poitiers et les Guises. — Coligny et Dandelot.

Coligny ne pouvait être heureux que du bonheur des autres ; la bienfaisance était chez lui une vertu et un besoin ; et, tandis qu'à l'exemple du cardinal de Lorraine, les seigneurs et les dames de la cour ne faisaient qu'en public de mesquines aumônes, et auraient refusé le plus léger secours à la timide indigence, Coligny soutenait plusieurs familles, et prenait, pour cacher la source de ses bienfaits, autant de précautions que les autres grands de la cour apportaient de soin à se faire remarquer.

Il ne sortait jamais sans avoir une bourse exclusivement destinée aux pauvres qu'il trouvait sur son passage. Un jour qu'il allait entendre la messe à l'église des Jacobins, il prit par distraction de l'or qu'il destinait à des dépenses personnelles, et donna plusieurs pièces à un pauvre qu'il trouva à la porte de l'église. Il le retrouva en sortant.

Etonné d'avoir reçu une somme aussi forte, il se présenta à Coligny et lui montra les pièces d'or qu'il en avait reçues. « Bon homme, gardez ce que Dieu vous a envoyé, » lui dit Coligny. Il fit plus; il le reçut dans sa maison, et pourvut à tous ses besoins le reste de ses jours.

Il n'avait pas obligé un ingrat; à peine ce malheureux était-il expiré, qu'une vieille femme vint à l'hôtel en pleurant et en invoquant les bénédictions du ciel. Coligny accourt à ses cris; il croit que c'est la veuve du pauvre, et il apprend que cette malheureuse ne lui appartient que par les liens de la reconnaissance. L'honnête mendiant qu'il avait recueilli partageait avec cette infortunée ce qu'il recevait de lui. Il ne se borna point à calmer sa douleur par de stériles consolations. Elle était mère d'une nombreuse famille; ses besoins n'étaient connus que du vieillard que soutenaient les bienfaits de Coligny.

Il prit des informations exactes, et assura ses besoins et ceux de sa famille. Ce double trait d'une bienfaisance bien rare n'a été révélé au public que plus d'un siècle après la mort de Coligny, par l'auteur de sa vie, imprimée à Cologne en 1686.

Avec un cœur aussi sensible, il ne pouvait rester long-temps indifférent, et déjà il avait un choix. Le connétable aimait beaucoup ses neveux, et son plus grand désir était d'ajouter à l'illustration de sa maison par d'honorables alliances. L'ambition était sa passion dominante. Il voulait se rapprocher de la favorite, et s'appuyer de son crédit. Il avait proposé à Coligny la main de la fille de Diane et du roi. Coligny refusa la proposition de son oncle, et mit dans son refus tous les égards, tous les ménagements les plus délicats. Son cœur était prévenu ; mais eût-il été libre encore, il aurait refusé cette alliance que son oncle regardait comme très avantageuse. Coligny, que l'ambition n'égarait point, l'appréciait à sa juste valeur.

Il avait aussi son projet, et il allait le confier au connétable, quand celui-ci lui proposa la fille de la duchesse de Valentinois. Il crut devoir garder le silence et attendre une occasion plus favorable pour accorder ses devoirs et les vœux de son cœur.

Son assiduité dans la maison de Laval, l'un des plus distinguées de la cour, avait alarmé Dandelot, qui prétendait aussi à la main d'une héritière de cette famille. Dandelot ne pouvait supporter l'idée d'être le rival de son frère; cet état d'incertitude et d'anxiété était au-dessus de ses forces.

Décidé à tout sacrifier à l'amitié fraternelle, il veut s'expliquer avec Coligny. Ils furent bientôt d'accord; tous deux aimaient une demoiselle de Laval, mais ce n'était pas la même. Un seul mot leur rendit le repos et le bonheur, et bientôt Dandelot obtint le consentement du connétable, et s'unit à celle qu'il aimait.

Coligny ne tarda pas à s'apercevoir que la duchesse de Valentinois, qui d'abord avait paru désirer se rapprocher du connétable, avait changé de conduite. Une liaison intime s'était formée entre elle et les princes lorrains, dont elle avait paru long-temps l'ennemie. On ne pouvait être à la cour également bien reçu chez la jeune reine et chez la favorite; mais les Guises, aussi ambitieux, mais plus adroits que le connétable, et avec les mêmes vues, ne pensaient pas rencontrer les mêmes obstacles dans leur projet de s'allier à la favorite.

La plus grande intimité régnait encore entre Coligny et le prince de Joinville (1). Coligny venait d'ouvrir son cœur à son ami, et lui avait confié le secret de son amour. Cette confidence

(1) Les Guises étaient six frères: François de Lorraine, duc de Guise; Charles de Lorraine, archevêque de Rheims; Claude de Lorraine, duc d'Aumale; Louis, cardinal de Guise; François, grand-prieur de France; René, marquis d'Elbeuf. Le duc d'Aumale avait d'abord été appelé duc de Joinville.

en amena bientôt une autre non moins extraordinaire.

Cette fille de la favorite, que Coligny avait refusée, le cardinal de Lorraine venait de la demander lui-même pour le prince de Joinville. Sans rien dire à son ami qui pût lui faire soupçonner ce qui s'était passé entre le connétable et lui, sans révéler un secret qui eût blessé son amour propre, Coligny employa un moyen plus noble, plus digne de lui pour le détourner de cette alliance. L'honneur de son ami lui était trop cher pour souffrir que, cédant à l'ambition du cardinal, il contractât un mariage qui blessait toutes les convenances.

« Vous me demandez mon avis, lui répondit Coligny, dans le naïf langage du temps : *Mieulx vault un pouce d'aucthorité avecque honneur, que une brasse sans honneur.* »

Joinville sembla d'abord suivre son

conseil ; mais l'alliance projetée par le cardinal n'en eut pas moins lieu, et un Guise devint gendre de la favorite.

Qui aurait pu soupçonner alors que Joinville et Coligny, qu'unissait une si tendre amitié, une confraternité d'armes consacrée par le plus héroïque dévouement, seraient un jour ennemis irréconciliables ; que cette même famille des Guises, sans le plus léger indice, sans la moindre vraisemblance, accuserait Coligny du plus lâche assassinat, et finirait par le livrer aux poignards de Montrevel et de Besme? De quels crimes l'ambition ne rend-elle point capable, et quelle famille fut plus ambitieuse que celle des Guises?

Des années de bonheur et de gloire devaient précéder ces journées désastreuses. Un nouvel avenir s'ouvrait pour Coligny ; il allait commencer sous les plus heureux auspices. Le connétable avait un fils, mais il ne lui était pas plus cher que ses neveux; le mariage de Dandelot avait rendu celui de son frère plus facile; et il vit avec plaisir la famille des Laval unie par un nouveau lien à celle des Châtillon.

Le mariage de Coligny eût lieu la même année que celui de son frère, en 1547. Les rois n'interviennent ordinairement dans les mariages des grands de leur cour que pour donner aux nouveaux époux des preuves, souvent peu méritées, de leur munificence; mais les nouveaux honneurs que, dans cette circonstance, il déféra à Coligny, neveu de son connétable, premier officier de la couronne, et son premier ministre, étaient moins un acte de faveur que de justice.

Coligny fut nommé chevalier des ordres du roi et colonel général de l'infanterie française, avec le grade de lieutenant général.

Convaincu que la discipline est la première force des armées, et la plus sûre garantie de leurs succès, Coligny s'empressa de profiter du pouvoir et de l'influence que lui donnaient ses nouvelles attributions, pour appliquer à toute l'infanterie le réglement qu'il avait donné à son régiment, et dont plusieurs années d'expérience lui avaient prouvé les salutaires conséquences; et telle était la considération dont il jouissait, qu'il éprouva moins de difficulté qu'il n'aurait dû s'y attendre dans l'état de désordre et d'insubordination auquel étaient livrés tous les autres corps de l'armée française à cette époque.

CHAPITRE XII.

Persécutions contre les protestants. — Guerre d'Écosse. — Lettre d'Henri II à Selves. — Marie Stuart en France.

Henri II avait signalé le commencement de son règne par les plus rigoureuses persécutions contre les protestants. Non content de provoquer leur condamnation, il prenait un cruel plaisir à assister à leur supplice. Un jour les cris d'un infortuné expirant au milieu des flammes frappent son oreille, et il reconnaît la voix d'un de ses plus fidèles serviteurs; il se retire frappé de terreur; les accents de cette voix le poursuivent partout; il cessa de paraître au lieu des supplices;

mais les échafauds restèrent debout, et chaque jour était marqué par une nouvelle exécution.

En vain le cri de l'indignation publique s'élevait en faveur des victimes. L'insurrection de Bordeaux ne produisit qu'un éclat inutile. Une férocité aussi opiniâtre dans un prince aussi jeune ne pouvait être naturelle. Qui donc lui inspirait cette fureur, cette soif insatiable du sang de ses sujets? Son amour pour la duchesse de Valentinois. Elle seule signalait les victimes et pressait leur supplice. L'avarice avait plus de part que le fanatisme à ces actes de cruauté.

Époux d'un femme jeune et belle, Henri II n'était que l'humble esclave de la maîtresse de son père. Elle se faisait adjuger les biens des condamnés. Son jeune amant couvrait des diamants de la couronne le front de la vieille favorite, et faisait couler le sang sur les échafauds pour l'enrichir des dépouilles des suppliciés.

La tolérance est la première des vertus religieuses; la superstition fonda les *auto-da-fé*. Henri entrait en fureur au seul mot d'hérétique, et plaçait l'adultère près du trône. Pouvait-il rougir d'un vice que toute sa cour honorait? Coupable au tribunal des lois, des mœurs et de l'opinion, il pouvait se croire innocent à celui de la religion, en voyant chaque jour les prélats de son royaume fatiguer de leurs serviles hommages la complice de ses désordres.

Coligny et son frère ne partageaient point ce lâche engouement; on connaissait leur penchant pour les nouvelles doctrines religieuses, et leur indépendance était respectée. Henri pressait Dandelot de faire le sacrifice de sa croyance. « Sire, lui répondit-il avec « une courageuse franchise, j'aime-

« rais mieux mourir que d'aller à la « messe. »

Cette réponse eût pu le perdre; le roi ne lui témoigna ni défiance ni dépit, et le nomma l'un des chefs de l'armée qu'il envoya bientôt au secours de la reine d'Écosse.

Marie, unique héritière de cette couronne, n'était encore qu'un enfant. Le conseil et les ministres du jeune roi d'Angleterre voulaient la lui faire épouser, pour réunir les deux royaumes. Tel était l'unique motif de la guerre qu'ils faisaient à l'Écosse. La mère de Marie n'aurait pu soutenir long-temps une lutte inégale. L'intérêt de la France s'opposait à l'agrandissement de l'Angleterre, et Henri II envoya en Écosse une armée de sept mille hommes, sous les ordres de Dessé, Dandelot, la Chapelle-Biron et Strozzi.

La reine douairière n'hésita pas à remettre sa fille entre les mains des chefs de l'armée française, mais ce projet ne fut exécuté que l'année suivante, 1549. Ce fut pour s'en venger que les Anglais s'opiniâtrèrent à éluder l'exécution du traité d'Ardres, conclu au fameux camp du Drap-d'Or, lors de l'entrevue de François Ier et de Henri VIII.

Les malheureux habitants du pays où ce traité avait été stipulé furent cruellement maltraités par les Anglais. Henri II, espérant obtenir par la voie des remontrances diplomatiques la cessation des hostilités commises par les troupes anglaises sur le territoire de la ville d'Ardres (1), avait écrit à de Selves, le 15 août 1548 : « Ils ont usé de toute « la cruauté et inhumanité qu'il est « possible, ayant tué les pauvres gens « qui moissonnoient les bleds, et les

(1) Petite ville de Picardie. Le champ où se réunirent, dans leur entrevue, les rois François Ier et Henri VIII, roi d'Angleterre, en 1520, a conservé le nom de *Terroir du camp du Drap-d'Or*.

« petits enfants qui gardoient les bes-
« tes..... Ce que je vous prie vouloir de
« ma part remonstrer à monsieur le
« protecteur (c'était le titre qu'avait
« pris le tuteur du jeune roi Édouard),
« afin que, s'il a telle envie, comme
« vous avez toujours dict et asseûré,
« d'entretenir et garder sincèrement
« la paix et amitié qui est entre le roy
« d'Angleterre et moy, il veuille pour-
« veoir et donner ordre à ce que telles
« riottes (rixes) et façons cessent et
« ne pullullent plus avant, sinon il
« ne faudra point qu'il trouve étrange
« si j'essaye, par tous les moyens que
« pourray, d'en avoir la revanche... »
(Lettres et Mémoires d'estat de Ribier, t. 2, p. 166.)

Les traités n'étaient point officiellement rompus, la guerre n'était point déclarée, mais elle existait de fait. L'Angleterre, déchirée par une guerre civile, n'était pas en état de soutenir avec succès une guerre étrangère, et la situation intérieure de la France n'était pas plus heureuse.

Dans l'un et l'autre pays, deux partis se disputaient le pouvoir. L'ambition des chefs était la véritable cause des dissensions intestines, et la religion le prétexte. En Angleterre, les partis étaient plus prononcés, ils étaient armés et combattaient déjà avec un acharnement toujours croissant. En France, l'un des partis qui la divisaient n'osait pas encore se montrer à découvert; il cherchait à se fortifier: ce parti, c'était celui des Guises. Ils étaient réduits sans retour à l'impuissance d'agir, si les conseils du feu roi avaient été suivis (1).

(1) François Ier expirant avait recommandé à son fils de diminuer les impôts, de ne faire la guerre que lorsque l'intérêt et l'honneur de la France la rendraient indispensable; de s'abandonner avec une entière confiance aux conseils de l'amiral d'Anne-

Coligny ne s'était pas encore prononcé en faveur des nouvelles doctrines aussi ouvertement que son frère Dandelot. Il voulait s'éclairer avant de prendre un parti sur ce point important. Il ne lui avait pas été difficile de se convaincre de l'avenir affreux que les Guises préparaient à la France. Le cardinal disposait de la reine Catherine de Médicis ; et la favorite, devenue leur alliée par le mariage de sa fille avec le duc d'Aumale, n'agissait plus que par leurs inspirations. Le duc

baut, du cardinal de Tournon, du secrétaire d'état Gilbert Bayard. Mais il insista surtout sur la nécessité de n'accorder aucune confiance aux Guises. « Mon fils, disait-il, j'ai bien apperçeu et cognois « au vray que la race n'en vault rien, et que si « faictes le contraire, *ils vous mettront en pour-« point, et vostre peuple en chemise....* » Et à peine François eut-il cessé de vivre, que l'amiral d'Annebaut, le cardinal de Tournon, Gilbert Bayard, furent renvoyés du conseil, et les Guises appelés au pouvoir et comblés de toutes les faveurs.

François cherchait à s'attacher l'armée. Sa valeur, ses qualités brillantes, ses libéralités, et surtout le succès de ses premières armes, lui avaient déjà sinon mérité, du moins obtenu une grande réputation militaire. Coligny lui-même le vantait.

L'expérience lui apprit bientôt que ce Guise si fameux ne se faisait nul scrupule de se faire honneur des talents et des succès d'autrui. Mais convaincu dès lors de ses ambitieux projets, il rendit moins fréquentes ses relations avec son premier frère d'armes. Joinville, devenu chef de sa famille, avait abjuré l'amitié qui les unissait.

Coligny, franchement dévoué aux intérêts de sa patrie et des Valois, devenait pour les Guises un ennemi redoutable. Ainsi, à la plus intime amitié succéda, dans le cœur du prince de Lorraine, une haine implacable contre Coligny et son frère; et tous deux eurent la douleur de voir leur oncle, entraîné par son ambition et les cauteleuses manœuvres de la reine et de la favorite, oublier ses premiers devoirs et ses premiers serments, et, changeant tout-à-coup d'affection et de conduite, oublier ses neveux et servir les Guises.

Le connétable n'était qu'homme de cour, et le parti dominant devenait le sien. C'est l'histoire des courtisans de toutes les époques et de tous les pays.

LIVRE DEUXIÈME.

CHAPITRE PREMIER.

Insurrection de la Guyenne. — Intrigues de Charles-Quint. — Voyage du roi. — Coligny devant Boulogne.

La mort de Claude de Guise avait placé le duc d'Aumale à la tête de cette maison, déjà si puissante. Le duc d'Aumale était ce même Joinville qui avait fait ses premières armes avec Coligny. Ce changement d'état, loin de les rapprocher, les sépara plus que jamais. Le nouveau duc de Guise aspirait au commandement suprême de l'armée, et il y parvint bientôt.

Coligny vit, sans être jaloux, ses orgueilleuses prétentions, mais il ne put le voir affecter à son égard une insultante supériorité. Coligny n'en rendait pas moins justice à ses talents et à son courage; il citait surtout l'intrépide résignation avec laquelle il avait soutenu la douloureuse opération que lui fit Ambroise Paré, après sa blessure devant Boulogne.

Cette ville allait encore devenir le théâtre d'une nouvelle guerre. La France était encore en paix; mais cet état ne pouvait être de longue durée. Le roi ne devait ni ne pouvait souffrir que les Anglais restassent maîtres de Boulogne, contre la foi des traités; vainement il avait offert par ses ambassadeurs de remplir les conditions auxquelles cette place devait être restituée à la France.

Villebon et Coligny avaient été envoyés sur les lieux pour examiner l'état des fortifications des places voisines de Boulogne et dont la France avait conservé la possession, et arrêter les incursions que se permettaient les Anglais sur notre territoire. Coligny avait distribué ses troupes en plusieurs colonnes, et ses officiers s'emparèrent, par ses ordres, de toutes les places qui environnaient Boulogne, et que les Anglais avaient déjà envahies.

Il donnait tous ses soins pour la sûreté des côtes et la tranquillité des villes de cette importante province. Cependant le roi parcourait avec Catherine de Médicis l'intérieur de la France. La naissance d'un prince, le mariage d'Antoine de Bourbon avec Jeanne d'Albret, héritière de Navarre, et du duc de Guise avec Anne d'Est, fille du duc de Ferarre, avaient été l'occasion de fêtes brillantes.

Henri était à Lyon, où il venait de tenir, avec une étonnante magnificence, un grand chapitre de son ordre de Saint-Michel.

Tout-à-coup on apprend que la Guyenne a pris les armes. Des paysans de l'Angoumois, indignés des vexations en tous genres dont les accablaient les agens du fisc chargés de percevoir les gabelles établies par François Ier, s'étaient rassemblés; le tocsin avait sonné dans tous les villages; ils avaient pour chef Galafre, bourgeois de Blansac : d'autres communes vinrent grossir cette armée; un gentilhomme nommé Puymoreau en avait le commandement. L'insurrection avait fait de rapides progrès, et en peu de jours les habitants de l'Angoumois, du Morenois, du Médoc, de tous les pays d'entre deux mers, marchaient sous les ordres de Galafre et de Puymoreau.

Bientôt l'insurrection s'étendit jusqu'à Bordeaux; Lavergne, Lestonac et Magnanan, sonnèrent le tocsin; vainement le parlement invita le gouverneur, Tristan de Moneins, à faire prendre les armes à la garnison, à déployer un grand appareil militaire, pour en imposer aux insurgés. Des patrouilles bien dirigées, l'arrestation des chefs, eussent pu mettre un terme aux désordres; mais le gouverneur tint ses troupes renfermées dans les forts du Hâ et du château Trompette; et, par ses ordres, des soldats groupés sur les remparts irritaient les bourgeois par d'injurieux propos.

Ce gouverneur, parent du connétable, osa se rendre, presque sans escorte, à l'hôtel-de-ville, et menacer les insurgés; il tombe percé de mille coups, et dans leur fureur les insurgés couvrent son cadavre de sel.

Cependant ceux qui étaient étrangers à Bordeaux se retirèrent chargés de butin. Le parlement, qui avait été forcé de prendre l'habit de matelot et la pique, reprit son costume et ses fonctions, fit arrêter des insurgés; plusieurs furent condamnés au supplice et subirent leur arrêt.

Charles-Quint avait envoyé en Angleterre le comte de Bure pour engager le roi à profiter de cette émeute et à s'emparer de la Guyenne; mais Henri, pour calmer, s'il se pouvait, l'irritation des esprits, avait promis de faire examiner la conduite des préposés à la recette de la gabelle, et de faire rendre justice aux contribuables. Cet ordre promettait des actes de clémence.

Le duc de Guise était parti en même temps pour le midi avec cinq mille hommes, et parcourait la Saintonge et l'Angoumois sans se livrer à d'extrêmes rigueurs; mais le connétable, impatient de venger la mort du gouverneur de Bordeaux, son parent, s'était avancé contre cette ville; il avait fait abattre vingt toises des murailles, et entra avec son armée par cette brèche. La milice bourgeoise fut désarmée, et, pendant un mois que le connétable séjourna dans cette ville, cent cinquante citoyens périrent sur l'échafaud. Lestonac, les frères de Saux, furent décapités.

Le prévôt des maréchaux fit expirer sur la roue Galafre et Talemagne, après leur avoir fait appliquer une couronne de fer brûlant sur la tête. Le maître des requêtes, Étienne de Neuilly, interdit le parlement, abolit les priviléges de la ville, et força les citoyens à en brûler eux-mêmes les titres, et à déterrer avec leurs ongles le corps de Tristan de Moncins, et d'aller ensuite crier miséricorde sous les fenêtres du connétable, et lui remettre deux cent mille livres pour les frais de son armée.

Ce ne fut qu'un an après ces épouvantables exécutions que le roi rétablit le parlement et une partie des priviléges de la ville, supprima l'impôt des gabelles, qui fut remplacé par une contribution très forte. La Guyenne seule paya quatre cent mille livres, dont le connétable toucha une grande partie.

Coligny s'estimait heureux de n'avoir pas été témoin de ces longues scènes d'horreur; mais il voyait avec la plus vive douleur le nom du connétable compromis dans tous ces désastres. Habitué à se rendre compte de toutes ses pensées, il remontait à la cause première de tous ces mouvements. Il la trouvait dans l'oubli de la plus ancienne, de la plus sage de nos institutions, le vote annuel des impôts par l'assemblée des états généraux. Dans ce cas tout devenait légitime, la résistance n'avait plus d'excuses, et la loi ne frappait que des coupables.

Dans les émeutes, la véritable cause est presque toujours le secret des chefs. Créées pour réprimer les passions, les lois n'en sont plus que les instruments ; l'innocent expie souvent le crime du coupable; trop souvent les vengeances particulières prennent la place de la vindicte publique. La vie de Coligny dépose de cette triste vérité.

Alors, du moins, il n'avait point de Français à combattre, mais des étrangers, qu'il était aussi urgent qu'honorable d'expulser de nos frontières. Les ordres de Coligny avaient été heureusement exécutés; les Anglais avaient été forcés de se renfermer dans l'enceinte de Boulogne. Il parcourait sans cesse les cantonnements, et maintenait de tous ses moyens le bon ordre et la discipline, en attendant que la victoire ou la foi due aux traités rendît enfin à la France cette ville que les Anglais retenaient, depuis tant d'années, contre toute justice.

CHAPITRE II.

Nouvelles intrigues. — Cause du voyage de Coligny en Picardie. — Siége de Boulogne. — Guerre sans résultat. — Négociation. — Traité nul.

Les femmes avaient gouverné la cour de François Ier, elles conservèrent leur empire sous le règne de son successeur. Les rôles étaient les mêmes, les noms seuls des principaux personnages avaient changé.

Catherine de Médicis, jeune, belle, avide de pouvoir et de plaisirs, fière de son titre de reine, pouvait prétendre au premier rang, et elle voyait la foule des courtisans se partager entre elle et la vieille maîtresse de son jeune époux.

Elle sentait tout ce que cette rivalité avait d'humiliant pour elle.

Diane de Poitiers ne négligeait rien pour conserver ses avantages; elle avait cherché l'appui du connétable et l'obtint; mais il ne lui avait pas été aussi facile d'attirer dans son parti ses deux neveux. Coligny ne paraissait chez la favorite que lorsque la bienséance ne lui permettait pas de se séparer de son oncle; et Diane avait proposé au connétable de s'allier à sa famille, et n'avait pu réussir par l'opposition de Coligny et de Dandelot; elle avait été plus heureuse auprès des Guises.

La reine ne voyait que par les yeux du cardinal de Lorraine, qui n'avait pas moins d'ascendant sur sa rivale; et le connétable jouissait d'un égal crédit auprès de la reine et de Diane.

Coligny était absolument étranger à cette double intrigue. Diane ne pouvait lui pardonner le conseil qu'il avait donné au duc de Guise, alors comte de Joinville, et Coligny avait toute la confiance du roi. Dampierre parvint à persuader à ce prince que Diane lui était infidèle, et que Coligny était son heureux rival.

Cette allégation n'était ni vraie, ni vraisemblable; Coligny reçut l'ordre d'aller inspecter les places de Picardie, et ce qu'il regardait comme une commission fort ordinaire n'était qu'un ordre d'exil.

Les secrets des cours sont toujours mal gardés. Les Guises avaient-ils imaginé cette calomnie pour fermer à Coligny une carrière qu'il parcourait avec tant de gloire? Dampierre était-il l'auteur ou l'agent de cette intrigue?

Sans se livrer au vague des conjectures, Coligny sentit tout le danger, tout l'embarras de sa situation. Après une absence de trois mois, il avait été rappelé par le roi pour rendre compte de sa mission ; il s'expliqua franchement avec le monarque et la favorite elle-même. Il ne lui fut pas difficile de se justifier ; et le roi, pour lui prouver qu'il était tout-à-fait détrompé, lui donna de nouvelles preuves de confiance, et le chargea de tout disposer pour faciliter la restitution de Boulogne.

Déjà il s'était emparé de toutes les positions fortifiées des environs de cette ville, et situées au-delà du rayon réservé aux Anglais. La cour de Londres s'en plaignit ; ses ministres plénipotentiaires vinrent trouver le roi à Anet, où il habitait un château magnifique construit pour la duchesse de Valentinois ; ils suivirent bientôt le roi à Saint-Germain.

Un arbitrage improvisé avait brusquement terminé, ou plutôt interrompu ces débats diplomatiques ; et bientôt les Anglais, au mépris de conventions aussi récentes, poussèrent, avec une infatigable activité, la construction d'un môle dans le port de Boulogne.

Rien ne pouvait justifier une construction aussi considérable dans un port qui, aux termes des traités, n'était entre les mains des Anglais qu'un simple dépôt. Il devait être rendu à la France immédiatement après le paiement d'une somme convenue, et déjà plusieurs fois cette somme avait été offerte, dès le règne de François Ier.

Le gouvernement anglais porta plus loin la violation du droit des gens; il voulut s'opposer à force ouverte à la construction d'un fort, hors de l'enceinte du port et de la ville, et sur un terrain tout-à-fait français.

Coligny en avait, par ordre exprès du roi, désigné l'emplacement. Le choix du site était son ouvrage, et ce choix avait reçu l'approbation du conseil.

C'etait sur une éminence qui dominait la rade et la ville.

Ce qu'il avait prévu arriva, il fallut recourir à la voie des armes pour enlever aux Anglais cette place dont ils s'obstinaient à rester les maîtres; l'occasion était favorable.

Ce pays était alors en proie à une guerre civile. L'amiral d'Angleterre et le duc de Sommerset étaient à la tête des deux partis qui se disputaient le pouvoir. Les princes d'Allemagne occupaient ailleurs cet autre implacable ennemi de la France, l'empereur Charles-Quint.

Henri II n'avait donc pas à redouter une nouvelle coalition; il n'avait à combattre qu'un seul ennemi, et cet ennemi se dévorait lui-même par une guerre intestine qui embrasait tout le royaume.

L'armée française se trouva bientôt ressemblée sous les murs de Boulogne.

Le duc de Guise commandait en chef les troupes de terre, et Léon Strozzi la flotte, qui compta autant de victoires que de combats. Une partie des vaisseaux anglais fut prise ou brûlée, et le reste avait été forcé d'aller se radouber dans la rade de Guernesey.

Tous les postes anglais au-delà des murs furent enlevés; la tour d'Ordre seule opposait une opiniâtre résistance. L'hiver suspendit les hostilités, et les Anglais, hors d'état de soutenir une lutte trop inégale, et de courir les chances d'une nouvelle campagne, offrirent enfin de rendre Boulogne aux conditions stipulées dans le traité conclu entre François Ier et Henri VIII.

Coligny, qui par son courage et ses talents avait tant contribué aux succès de cette campagne, dont un autre, cependant, avait eu le commandement, fut chargé de négocier pour la France.

Les plénipotentiaires anglais prolongèrent, par de vaines subtilités, les conférences. Coligny, justement fatigué de tant de lenteurs, et qui connaissait les plans ultérieurs du roi, exigea une réponse prompte et décisive.

Il fut enfin convenu que les Anglais rendraient Boulogne et tous les forts qu'ils avaient fait construire; qu'ils conserveraient leur artillerie, les munitions de guerre, et qu'ils recevraient de la France, en deux paiements, les quatre cent mille écus stipulés dans l'ancien traité. Le premier paiement devait être effectué le jour même où l'armée entrerait dans la place.

Ce nouveau traité fut signé le 24 mai 1550. Une convention particulière stipulait le mariage de la princesse Élisabeth, fille du roi Henri II, avec le jeune roi d'Angleterre; la princesse n'avait alors que six ans.

Débarrassé de l'ennemi dont le voisinage l'incommodait le plus, Henri II se disposait à attaquer l'empereur Charles-Quint; et quatre armées françaises se présentèrent en même temps sur les frontières de la Lorraine, dans le Piémont et le Hainaut.

Cette époque, si féconde en grands événements politiques, fut encore marquée par le fameux édit qui supprima les tributs appelés les *petites dates*, et que la cour de Rome prélevait depuis si long-temps sur l'impétration des bénéfices.

Les papes n'ont jamais été plus opposés aux intérêts de la France que lorsqu'elle s'était rendue leur tributaire, et qu'elle enrichissait leur trésor.

CHAPITRE III.

Commandement d'armée refusé à Coligny. — Défaite du comte de Mansfeld. — Tableau de la cour d'Henri II.

Si, à une époque récente qui vivra long-temps dans nos souvenirs et dans ceux de la postérité, la France a pu, pendant vingt-cinq ans, résister à l'Europe armée contre elle ; si ses armées triomphantes ont arboré leurs drapeaux sur les capitales de l'Italie, de l'Allemagne, de la Prusse, de l'Autriche, de l'Espagne, du Portugal et de la grande cité des czars, elle a dû ces étonnantes conquêtes à la bravoure de ses soldats et à l'habilité de ses généraux. Tous les chefs de l'armée ne devaient leur élévation qu'à leurs services et à des talents éprouvés.

Il en était tout autrement jadis, et Coligny en fit lui-même la triste épreuve: neveu du connétable, fils d'un maréchal de France, sa naissance l'appelait aux premiers grades de l'armée; sa bravoure et ses talents dans les campagnes de Flandre et d'Italie avaient assez prouvé qu'il en était digne. L'intérêt de la France, l'amitié du roi, semblaient devoir écarter tous ses rivaux, et ses droits étaient appuyés par les suffrages de toute l'armée.

Le connétable, ministre et favori du roi, avait demandé pour Coligny le commandement de l'armée de Piémont. Une intrigue de cour fit évanouir toutes ces considérations. Tous les droits de Coligny furent oubliés, et la duchesse de Valentinois disposa du commandement de l'armée.

Charles Cossé de Brissac fut présenté par elle. Il avait, il est vrai, une réputation militaire, mais elle ne pouvait balancer celle de Coligny. Les sollicitations de la favorite n'étonnèrent personne de la cour; l'intimité de sa liaison avec Cossé de Brissac était publique, et avait souvent même excité la jalousie du roi.

Plus ombrageux amant que politique habile, il ne vit dans cette promotion donnée à la faveur, et si vivement sollicitée, qu'une occasion d'éloigner un rival; et la duchesse eut à la fois le plaisir de faire la fortune militaire de son ami, d'écarter les soupçons jaloux de son royal amant, et de se venger de Coligny, qui seul avait voulu empêcher le prince de Joinville de devenir son gendre.

Coligny ne témoigna ni surprise ni regret de l'injustice dont il était victime. Trop grand pour se venger d'un affront au préjudice de la gloire et des intérêts de sa patrie, trop attaché à ses premiers devoirs pour s'abandonner aux transports d'un ressentiment d'ailleurs bien légitime, il s'empressa d'aller, sans songer à faire la plus légère objection, rejoindre le poste qui lui fut assigné.

Le roi, sans doute pour faire oublier au connétable l'humiliation d'un refus, qu'il n'osait avouer, érigea en duché-pairie la baronnie de Montmorenci; mais le connétable fut dès lors convaincu de l'empire absolu de la duchesse de Valentinois sur le roi, et il régla sa conduite avec elle en conséquence (1).

(1) Il recevait en même temps les plus intimes confidences de la reine, et celles du roi et de sa maîtresse.

C'est au connétable que la reine confie et le chagrin que lui cause l'absence du cardinal de Lorraine, et

Coligny, oubliant son grade de lieutenant général, se hâta de rejoindre son régiment, et vint comme simple

la joie si vive que lui inspire l'espérance de l'*avoir* bientôt.

« Je vais l'avoir, écrit-elle au connétable, mais il s'en retourne demain : Je voudrais que ses affaires lui permissent de ne s'en aller sitost, et qu'il pust rester ici. . . .

« Vostre bonne commère et amie,

« Signé CATERINE. »

Quel sentiment lui avait donc inspiré le rusé et galant cardinal, qui avait toujours conservé sur elle un si grand ascendant ?

Henri et sa maîtresse écrivaient ensemble au connétable la lettre suivante, dont une partie était de la main de Henri, et l'autre de celle de sa chère Diane.

« *Monsieur*,

« *Je resu les lettres que vous m'aves escriptes, de quoy je vous remercye bien humblement de la paine que vous an aves prys, que je pense bien que* v're travall sy grant que n'aves loysyr de m'escrire de v're main, qui me souffit de une souvenance, et cependant le segretaire qui achève la

colonel se placer sous les ordres de François de Clèves, duc de Nevers, gouverneur de la Champagne.

Le comte de Mansfeld, gouverneur de Luxembourg, avait franchi nos frontières, et ses troupes y commettaient d'horribles ravages. Sa présence incommodait notre armée; c'était l'ennemi le plus redoutable qu'elle eût à combattre.

Coligny demande et obtient du général en chef la permission d'aller l'at-

moytié de ma lettre et moy, nous recommandons à v're bonne grase. *Et vous saves ce que nous desyrons.*

« Vos ancyens et meylleurs amys,

« Henry, Diane. »

Cette lettre paraît avoir été écrite au connétable après la bataille de Saint-Quentin, dont les résultats furent si funestes à Coligny. Dans cette lettre on ne parle nullement de lui. Je ne l'ai rapportée ici que pour prouver à quel point le connétable avait conservé l'intime confiance de la reine et de sa rivale.

taquer à la tête de son brave régiment, et promet de le chasser au-delà des frontières.

Une telle entreprise n'eût été considérée dans tout autre que comme une folle témérité; mais Coligny ne promettait que ce qu'il était capable d'exécuter. Il presse sa marche; il a bientôt atteint un corps de troupes considérable, et qui passait pour être l'élite de l'armée du comte de Mansfeld.

Il donna ses instructions à Lusarche, un des meilleurs officiers de son régiment, et se tint prêt à le soutenir avec le reste de ses troupes.

Lusarche met en pleine déroute les troupes flamandes du comte de Mansfeld, près de Montcornet, dans les Ardennes. Le comte repassa bientôt nos frontières.

Coligny poursuivant le cours de ses exploits, s'empara de plusieurs places.

Il eut toute la gloire de cette première campagne, dont il supporta seul les dangers.

L'approche de l'hiver le contraignit de suspendre ses opérations.

Toute l'armée du duc de Nevers se retira dans les cantonnements qui lui avaient été désignés.

L'hiver ne fut point pour la France la saison du repos. Un traité lui avait donné pour auxiliaires les princes protestants d'Allemagne.

A la tête de cette redoutable ligue, formée pour la défense de la liberté germanique, étaient le roi de France; Maurice, électeur de Saxe; Albert, marquis de Brandebourg.

Les princes exposèrent d'abord dans un mémoire les motifs de leur armement contre l'empereur Charles-Quint. Les partis s'observaient, le temps s'écoulait en négociations, en publication de manifestes. Henri II voulait reprendre Boulogne avant d'attaquer

Charles-Quint, et celui-ci terminer sa querelle avec les princes d'Allemagne avant de réunir ses forces contre la France.

Coligny, dont la suspension des hostilités rendait la présence à l'armée inutile, vint revoir sa famille. Pour lui plus de repos, plus de bonheur.

Les massacres de Cabrière et de Mirandol; ces deux villes réduites en cendre; les populations fuyant dans les montagnes; des femmes, des vieillards, des enfants expirants de faim et de misère; des soldats ivres de luxure et de fanatisme, égorgeant sans pitié les jeunes filles sur lesquelles ils viennent d'assouvir leur brutale passion; Un président de cour souveraine, un d'Oppède, un Grignan, dirigeant ces sanglantes exécutions; un prélat, un cardinal, excitant la fureur des assassins, et réunissant tous ses efforts pour empêcher les plaintes des malheureux

Vaudois d'arriver au pied du trône. Enfin le jour de la justice a lui, les auteurs de tant de crimes sont déférés aux tribunaux. Un seul, l'avocat général Guérin, a payé de sa tête tant de forfaits; les autres ont acheté des Guises leur impunité, mais n'ont pu échapper à leurs remords, et déjà la main du ciel s'est appesantie sur eux. D'Oppède expire dans l'asyle où il s'était réfugié. Un feu brûlant dévore ses entrailles. Tant de crimes et des châtiments aussi terribles, quel vaste et lugubre sujet de méditations pour une âme telle que celle de Coligny! Avant de périr victime du fanatisme, il avait appris tous les forfaits que ce délire inspirait à ses séides.

Il ne parut à la cour que pour rendre ses hommages au roi, qui n'oublia rien pour réparer l'injustice qu'il lui avait fait éprouver.

Mais, asservi aux volontés de sa maîtresse, loin de rougir de sa faiblesse, il semblait se faire honneur d'une passion qui blessait toutes les convenances, et multiplier les preuves de son *amoureux servage.*

Non content d'avoir, malgré l'excessive pénurie du trésor et les besoins de l'état, fait construire pour sa maîtresse le magnifique château d'Anet, il fit frapper, en son honneur, des médailles, et placer son chiffre sur les murailles et dans l'intérieur de son palais.

Coligny chercha vainement à le ramener au sentiment de ses devoirs et de sa dignité. Diane était tout pour Henri, et son amour pour elle dominait toutes ses pensées, il était l'occupation de tous ses instants.

La superstition est le délire des ames faibles. Habituées à ne considérer la religion que dans ses formes extérieures, elles comptent pour rien les vertus qu'elle inspire, et les devoirs qu'elle prescrit.

L'ame pure et forte de Coligny ne s'ouvrait qu'à des sentiments généreux. En gémissant en silence sur l'esprit superstitieux et turbulent de son siècle, il cherchait à en découvrir la cause et le remède. Jeune, il avait pu échapper aux contagieux exemples d'une cour corrompue. Témoin des désordres qui affligeaient l'état et l'église, il n'opposait aux vices de ses contemporains d'autre censure que l'exemple de sa famille et le sien.

Cette époque fut remarquable par la naissance d'un prince. Le roi avait invité l'archiduc Maximilien, le roi de Navarre, et Renée, duchesse de Ferrare, à nommer son nouveau fils, qui reçut le nom de Maximilien, et qui depuis régna sous celui de Charles IX. L'époque de sa naisssnce fut signalée par l'érection d'un tribunal extraordinaire, chargé de poursuivre, ou plutôt de condamner les sectaires de la religion réformée; ainsi le berceau de Charles IX s'éleva au milieu des échafauds et des bûchers. Les proscriptions se continuèrent pendant une longue suite d'années.

Pour imposer silence aux dissidents, ou du moins pour affaiblir leurs reproches, les chefs du clergé catholique auraient dû mettre dans leur conduite plus de sagesse et de modération; mais par une obstination qu'il est aussi difficile de concevoir que d'aprouver, le haut clergé semblait se complaire à justifier le schisme en aliénant les esprits par la crainte des supplices, une dépravation de mœurs, et une ambition toujours croissante. Le pape lui-même appelait non pas l'indifférence, mais le mépris sur les premières dignités ecclésiastiques. Jules II signala son érection au souverain pontificat en agrégeant au sacré collége le *gouverneur de son singe*. (Ce sont les expressions du plus religieux, du plus circonspect de nos historiens, Mézeray.)

Ces débats scandaleux étaient l'objet des entretiens de l'Europe chrétienne, et appelaient nécessairement l'attention de Coligny sur la nécessité de réformer la discipline ecclésiastique.

Un sujet non moins important partageait ses méditations, les manifestes qu'échangeaient les ministres du roi de France et ceux de Charles-Quint.

Ces derniers alléguaient « que le roi, suivant les maximes de son père, ne s'employoit qu'à entretenir les troubles de la chrestienté et à la ruiner; que, de peur qu'il ne se trouvast une fin aux dissentions d'Allemagne, il s'efforçoit d'interrompre le concile au jugement duquel la pluspart des protestants mesmes s'estoient soubmis;

qu'il avoit essayé de desbaucher les princes et villes d'Allemagne de l'obeyssance de l'empereur ; qu'il avoit excité le Turc à ravager la Hongrie, à piller les costes d'Espagne et de Sicile.

« Que Pierre Strozzi, qui commandoit ses galères, envoyoit soubvent de ses nouvelles au corsaire Dragut, et qu'il avoit deux fois donné la chasse à André Doria, comme il revenoit de passer Maximilien et Philippe d'Autriche d'Espagne en Italie. »

Les ministres français répondaient : « Que ce qu'ils (les ministres de Charles-Quint) appeloient concile n'estoit qu'une machine de l'empereur pour subjuguer la chrestienté sous prétexte de religion, et que les François, ayant toujours esté bons catholiques, ne le vouloient interrompre que pour garantir l'Europe des fers de l'esclavage que les impériaux avaient envie de forger à Trente ;

« Que c'estoient eux-mesmes qui avoient, par plusieurs fois, offensé et irrité le Turc et quelques autres villes des costes de Barbarie, sur certains petits roitelets mahométans; Jean de Véga s'estoit meslé de les reprendre sur luy, et que s'il les eust rendus, comme l'empereur l'avoit promis, il n'eust pas obligé le grand sultan d'entreprendre la deffense de Dragut, son vassal, et d'esquiper deux ou trois cents vaisseaux, qui ravageaient les costes de la chrestienté;

« Et quant à la Hongrie, qu'ils avoient aussi provoqué le Turc de gayeté de cœur à leur mouvoir la guerre de ce costé-là, d'autant que, contre les articles exprès de la trève, ils avoient favorisé deux ou trois places sur la part qui lui appartenoit;

« Qu'au reste, ce n'estoit pas merveille si Doria, ce grand capitaine, la terreur de la mer, fuyoit à la veue des bannières de France, pour ce que le crime d'avoir desrobé autres fois les galères du roy luy donnoit de mortelles transes que s'il estoit attrapé il ne fust traité en larron.

« Dans toutes les assemblées et traictés que l'empereur a faicts depuis en Allemagne, depuis la paix de Crespy, n'a-t-il pas toujours proposé qu'il falloit réduire la France sous la domination de l'empire. Ses vaisseaux flamands n'ont-ils pas donné la chasse à Dandelot allant en Angleterre? N'ont-ils pas guetté la reyne douairière d'Écosse venant l'an passé en France? N'ont-ils pas, les premiers, arresté les marchands françois, non dans leurs ports seulement, mais encore en pleine mer, les pillant et les bruslant comme des pirates? et lorsque nostre ambassadeur s'en est vouleu plaindre à la reyne de Hongrie, gouvernante des Pays-Bas, ne l'a-t-elle pas faict mettre en prison dans un viel chasteau, avec les serpents et les hiboux?

« Pourquoy ont-ils saisi et confisqué les biens que les subjects du roy ont dans les terres de leur domination? Pourquoi tiennent-ils Dandelot et Cypierre prisonniers (1) si nous n'avons point de guerre avec eux? Pourquoy ont-ils assiégé la Mirande qui appartient au roy?

« Jusques à quand souffrira-t-on qu'ils nous pillent jusques dans nos havres, qu'ils nous fassent la loy chez nous-mesmes, que l'empereur se vante à tout propos et qu'il l'ait mesme dict à Charles de Marillac (2) notre ambas-

(1) Cypierre et Dandelot avaient été faits prisonniers dans la campagne d'Italie; ils étaient détenus au château de Milan.

(2) Il avait été successivement évêque de Vannes et archevêque de Vienne, et un des premiers hommes d'état de son temps. Sa qualité de prélat n'avait point empêché François Ier de l'envoyer en ambassade à Constantinople. Il remplit ensuite les mêmes

sadeur ; que si le roy remue tant soit peu, il le rendra plus petit que le moindre de ses subjects.... »

fonctions sous les règnes suivants en Angleterre et en Allemagne. Il ne fléchit pas devant les Guises, et défendit toujours, avec autant de courage que de talent les intérêts de son pays et du trône. C'était, dit un historien catholique très zélé (Le Laboureur), « un prélat ferme, intrépide, très docte et très « bien intentionné pour le service de l'église et de sa « patrie. »

Il avait pour amis les hommes les plus distingués par leurs talents et leurs vertus; Montluc, évêque de Valence; Coligny et Dandelot, Morvilliers, évêque d'Orléans; le chancelier Olivier; Lhospital, son digne successeur.

A la nouvelle de la détention du prince de Condé, et de l'assassinat tenté sur Antoine de Navarre, il prévit le funeste avenir dont sa patrie était menacée.

La cour de Rome l'avait excommunié. Convaincu qu'il ne pouvait plus rien pour son pays, il avait cessé de paraître au conseil du roi et renoncé à ses dignités. Il mourut de chagrin, et dans un âge peu avancé, à son abbaye de Saint-Pierre de Melun, le 2 décembre 1560.

La force seule décide du mérite des manifestes. C'était peu pour la France de prouver ses griefs contre l'empereur Charles-Quint, il fallait le combattre et le vaincre. Chez les peuples prétendus civilisés, depuis les Romains jusqu'à nous, le terrible axiome *væ victis*, (malheur aux vaincus,) a seul réglé le sort des nations; le succès justifie tout.

Coligny savait bien que la France avait le droit de se plaindre de l'insolence et de la déloyauté de l'empereur, qui n'eût jamais cessé de respecter son honneur et son indépendance, s'il n'avait compté sur nos dissensions intérieures. Nous verrons bientôt le clergé catholique de France, abjurant les intérêts de la patrie, mendier ouvertement la protection de l'étranger.

Quelques prélats resteront fidèles à leur serment, et la cour de Rome les frappera d'excommunication. Coligny voyait l'orage se former, et il craignait moins les étrangers que leurs complices ; et ces complices avaient toute la confiance du roi qu'ils trahissaient avec la plus scandaleuse sécurité.

CHAPITRE IV.

Campagne de Lorraine. — De Champagne. — Coligny nommé amiral de France. — Prise de Damvilliers. — Désintéressement de Coligny.— Albert de Brandebourg. — Danger de s'allier aux étrangers.

D'APRÈS le plan arrêté avec les princes allemands, ses confédérés, le roi devait ouvrir la campagne par l'attaque de Metz, Toul et Verdun. Les troupes étaient rassemblées à Vitry. Le connétable et Coligny arrivèrent les premiers au rendez-vous général.

Le roi ne partit de Paris qu'à la mi-mars (1552). Toute l'infanterie était commandée par Coligny, qui avait conservé le titre et les attributions de colonel général de cette arme.

La gloire qu'il avait acquise dans la campagne précédente força ses ennemis à lui rendre justice ; nul concurrent ne se présenta pour lui disputer le commandement de l'infanterie. Le prince François de Lorraine, l'ami, le premier compagnon d'armes de Coligny, à qui les changements arrivés dans sa famille avaient fait quitter son premier nom de prince de Joinville, commandait la cavalerie.

Le connétable avait donné au roi le sage conseil de commencer la campagne par se rendre maître des places que lui avaient promises, par leurs traités, les princes allemands. Le roi était parti de Seaux, avec une suite nombreuse, pour se rendre à l'armée ; mais une maladie de la reine l'avait forcé de s'arrêter en route. Le connétable n'en continua pas moins sa marche.

Toul sommé par lui ouvrit ses portes.

L'armée se porta ensuite sur Metz, dont l'attaque présentait les plus grands obstacles. Le connétable demanda aux habitants le passage par leur ville, en leur déclarant que s'ils refusaient, il avait cent mille hommes pour l'effectuer malgré eux.

La ville était partagée en deux partis, celui du peuple et celui de la noblesse. Le cardinal de Lenoncourt, né Lorrain, entra dans la ville, et, loin de chercher à réunir les partis, il les irrita l'un contre l'autre.

On perdait en discussions un temps précieux qu'il eût fallu employer à la défense commune; et tandis qu'on délibérait, le connétable faisait avancer son armée. Rien n'était préparé pour soutenir un siége.

Coligny s'avance à la tête de l'avant-garde et s'empare d'une position importante. Les habitants, effrayés, se hâtent d'envoyer des commissaires au connétable, pour offrir le passage demandé. Coligny avait prévenu les ordres de son oncle ; l'arrangement fut bientôt conclu.

Un des articles portait que le connétable y entrerait avec les princes et deux compagnies.

Coligny en organisa deux, dont il porta le nombre à quinze cents hommes. Les habitants s'opposèrent à leur admission dans la ville, et, après en avoir laissé entrer une partie, ils allaient fermer les portes; mais Coligny les avait prévenus, et ses soldats, maîtres des portes, en défendirent l'entrée, et toute l'armée traversa la ville.

Artus de Cossé en fut nommé gouverneur. Le roi se dirigea ensuite sur l'Alsace. Strasbourg refusa de se rendre; et l'armée, sans attaquer cette ville, étendit ses lignes depuis Haguenau jusqu'à Vissembourg.

Informé que Martin Rossen, l'un des généraux de l'armée impériale, faisait d'horribles ravages en Champagne, le roi dirigea son armée sur cette province pour en chasser l'ennemi. A son approche, les impériaux se retirèrent pour aller défendre le camp de Luxembourg, menacé par les Français.

Ils commercèrent par attaquer Roquemare, château fort situé entre Thionville et Trèves, sur les rives de la Moselle.

Toute la noblesse du pays, présumant que l'armée française attaquerait d'abord Thionville, s'était réfugiée dans le château. Elle fut étonnée de voir le roi sous ses remparts, de l'entendre sommer la garnison de se rendre, et faire avancer quantité de pièces d'artillerie qui bientôt foudroyèrent les murailles.

La garnison s'empressa de demander

à capituler; mais emportés par leur courage, les soldats français s'élançant sur la muraille, à moitié abattue par l'artillerie, sont déjà dans la place, et se livrent, suivant l'usage du temps, au pillage.

Le comte de Rhingrave, parent de la dame du château, vint supplier Coligny de contenir ses soldats. A sa voix le pillage cesse, le sang ne coule plus, et les seigneurs et les dames du château viennent remercier leur généreux libérateur.

Le connétable avait demandé pour Coligny le commandement en chef de l'armée envoyée dans la Lorraine; Diane l'avait fait donner au duc de Guise.

Le roi ne pouvait se dissimuler l'injustice de ce refus. Mais il avait déjà érigé en duché-pairie la baronie de Montmorency. Coligny, plus dévoué qu'ambitieux, ne se vengea d'une injuste préférence que par de nouveaux succès.

Après un siége pénible, Damvilliers ouvrit ses portes.

Le connétable avait imposé aux habitants de Roquemare une contribution de cent mille francs, qu'il se fit donner comme présent pour les avoir exemptés du pillage. Les principaux seigneurs de l'armée, non moins intéressés que le connétable, n'avaient pas attendu que Damvilliers fût réduit à la dernière extrémité pour en demander le pillage. Le roi accorda le butin à Coligny, en lui disant qu'il ne lui donnait que ce qui lui appartenait; c'était lui en effet qui avait ouvert la tranchée, réglé le plan d'attaque, ordonné tous les travaux, et avait été en même temps général, ingénieur et soldat.

Coligny remercia le roi; mais pour ne point déplaire à son oncle et ne pas offenser le roi par un refus formel, il convertit ce droit en une contribution de quarante mille écus qu'il fit distribuer à ses soldats.

Cette conduite désintéressée, qui méritait les éloges du connétable, lui déplut au contraire ; plus avide d'or que de gloire, il n'avait vu qu'avec dépit le désintéressement de son neveu. Il n'osa faire éclater son ressentiment, mais il cessa de confier à Coligny les expéditions importantes ; il fut forcé de lui rendre enfin justice. Coligny avait pour lui les suffrages de l'armée. Le roi et son conseil lui accordaient une entière confiance, et dans les entreprises les plus hardies, dont il avait fait adopter le plan au conseil, le poste le plus périlleux était toujours celui qu'il se réservait. Les autres chefs ne combattaient que pour s'enrichir, Coligny était tout à gloire.

A cette époque, les armées ne se

soutenaient que par le pillage; elles n'avaient point d'autre solde, en-deçà comme au-delà des frontières; et, jusqu'à l'époque de la révolution les troupes légères conservèrent le droit de vivre aux dépens du pays qu'elles occupaient : elles n'épargnaient pas même le territoire français; une fois en campagne, tout était ennemi pour elles.

Cette antique et honteuse coutume n'existe plus, et paraît abrogée pour toujours.

A la prise de Damvilliers succéda bientôt celle d'Ivry, de Montmédy, de Bouillon, d'Arlon et d'autres places. Les troupes, harassées de fatigue, et impatientes de jouir du riche butin qu'elles avaient fait, suspendirent leur marche victorieuse.

Cependant la saison était peu avancée; on n'était encore qu'au mois de juillet. Une partie de l'armée fut envoyée en cantonnement, et l'autre partie licenciée.

Le roi avait fidèlement rempli les conditions du traité qu'il avait conclu avec les princes protestants d'Allemagne, et tandis que les armées supportaient seules tous les dangers et toute les fatigues de cette pénible campagne, les alliés, au lieu de les seconder, traitaient avec l'ennemi commun à Passaw.

Albert, marquis de Brandebourg, dont les états ont été, deux siècles après, érigés en monarchie, sous le nom de *royaume de Prusse*, n'avait point ou paraissait n'avoir point accédé au traité de Passaw; et pour mieux tromper la France, dont il recevait des subsides, il ravageait les états de Trèves, Spire et Mayence; mais voulant éviter la rencontre des troupes impériales, il passa la Moselle, et vint se replier en Lorraine, décidé à traiter avec l'empereur ou le roi de France, et à vendre son alliance à celui des deux qui lui offrirait le plus d'avantages.

CHAPITRE V.

Guise à Metz. — Coligny s'empare de Térouane, d'Hédin. — Mort du roi d'Angleterre.

L'EMPEREUR, à la tête d'une puissante armée, marchait sur Toul, Verdun et Metz; la possession de cette dernière place était fort importante pour la France. Le roi ordonna au duc de Guise de protéger cette frontière; le duc entra dans Metz au commencement d'août.

Les troupes impériales ne parurent que le 19 octobre. Le duc de Guise n'avait pas cessé de faire travailler aux fortifications. Toute la haute noblesse s'était réunie sous ses ordres.

Les travaux étaient très avancés, quand le duc apprit que le marquis de Brandebourg s'avançait à la tête de son armée. Ce prince, se prétendant toujours l'allié de la France, fit demander des vivres pour ses troupes; le duc de Guise lui en fit donner deux fois; mais à la troisième demande qui lui en fut faite il refusa. Strozzi fut chargé de déclarer au prince allemand qu'il ne pouvait, sans conpromettre sa propre armée, prête à soutenir un siége, rien distraire de ses approvisionnements. Il fit inviter le marquis de Brandebourg à se diriger sur la Franche-Comté.

Albert demanda une entrevue au duc de Guise, qui, au lieu de se rendre dans le camp des Allemands, suivant l'invitation d'Albert, lui fit dire de venir le trouver à Metz.

L'invitation d'Albert n'était qu'un piége pour attirer le général français dans son camp, s'en saisir et le livrer à l'empereur.

Le connétable, qui rassemblait son armée à Saint-Michel, informé de cette négociation, chargea Coligny et la Chapelle-Biron d'aller sommer Albert de se déclarer franchement pour ou contre la France. Albert ne fit qu'une réponse ambiguë; dès lors le connétable ne le considéra plus que comme ennemi. Albert s'en plaignit au roi qui se borna à lui accorder la liberté du passage pour retourner dans ses états. Albert cessa de dissimuler, et, abusant indignement du sauf-conduit qu'il avait obtenu, il vint camper auprès de Toul où il fit tout dévaster, rejoignit l'armée de Charles-Quint et établit son quartier général au mont Saint-Quentin.

Enfin, après deux mois d'efforts inutiles, l'empereur fut contraint de lever le siége de Metz. Le duc de Guise avait répondu au roi de la conservation de cette ville, et lui avait conseillé d'employer les troupes sous ses ordres à reprendre l'importante place d'Hédin qui était tombée depuis peu au pouvoir de l'ennemi.

Le roi, alors à Châlons-sur-Marne, avait fait venir près de lui le connétable; ils conférèrent ensemble sur la lettre du duc de Guise, et bientôt Coligny reçut l'ordre de diriger le siége d'Hédin sous les ordres du duc de Vendôme, prince du sang.

L'empereur Charles-Quint s'était, depuis peu, emparé de cette place et de celle de Térouane. Catherine de Médicis avait chargé le connétable de lui rendre compte des opérations de la campagne. Elle lui écrivait au sujet du siége d'Hédin :

« J'espère que l'empereur aura la « honte que je désire qu'il reçoibve; ce

« sera quand il plaira à Dieu que Hédin
« sera repris. Je vous asseure que je
« ne veulx pardonner à ceux qui sont
« dedans, s'il est vray ce qu'on m'a
« mandé, que M. de Vassé y a eu un
« coup d'arquebuze.

« Je vous prie, mon compère,
« qu'avant que j'aye ce bien de revoir
« le roy, de continuer à me mander
« souvent de ses nouvelles, et me
« tenir en sa bonne grâce, à laquelle
« je vous prie présenter ma très-
« humble recommandation, et en
« vouloir prendre une part d'aussi bon
« cœur que vous le faict.

« Vostre bonne commère et
« amie,

CATERINE (1). »

(1) La reine Catherine de Médicis ne signait jamais son nom avec une H. (Voyez 1er et 2e vol. des œuvres complètes de Michel Lhospital.)

Coligny prit de si sages mesures pour le succès de cette expédition, que la place fut promptement conquise; et aussitôt après il se rendit, avec un égal bonheur, maître de Térouane.

CHAPITRE VI.

Mort de l'amiral d'Annebault. — Coligny lui succède. — L'armée impériale est battue à Doulens. Prise de Marienbourg, de Dinant. — Bataille de Renti.

Claude d'Annebault, dont les historiens les plus estimés vantent le courage et le noble désintéressement, venait de mourir dans ses terres où il s'était retiré à l'avènement de Henri II au trône. Il avait dédaigné de faire sa cour à la favorite, et, forcé par un édit du nouveau roi d'opter pour l'un ou l'autre de ses emplois, il avait remis au roi son titre de maréchal de France, qui fut donné à d'Albon de

Saint-André, et conserva celui d'amiral (1).

Le roi conféra cette charge à Coligny. Il se trouvait aussi dans le même cas que d'Annebault; il demanda à se démettre de sa charge de colonel géné-

(1) Les rois de la première et de la seconde races n'avaient point et ne pouvaient avoir d'armée maritime. La Normandie et la Guyenne furent long-temps possédées par les Anglais; la Bretagne, le Languedoc, la Provence, avaient leurs comtes, véritables souverains qui, sous le titre de vassaux de la couronne, n'en étaient pas moins indépendants.

Éginard, historien de Charlemagne, cite Russand, préfet de la mer de Bretagne.

Florent de Varennes obtint le premier le titre d'amiral de France, en 1270; ses successeurs ont rarement commandé des expéditions maritimes.

Pour les voyages d'outre-mer les rois frétaient des navires génois ou siciliens.

L'amiral ne prenait rang qu'après les maréchaux. Cette charge fut long-temps purement honorifique. César de Vendôme, fils naturel d'Henri IV et de Gabrielle d'Estrées, n'avait que deux ans quand il fut nommé amiral de France.

ral de l'infanterie, en faveur de son frère Dandelot, alors prisonnier à Milan.

Le roi permit à Coligny de garder cette charge jusqu'au retour de son frère.

Cependant l'empereur faisait d'immenses préparatifs, et se disposait à réparer les revers de la campagne qui venait de finir; et tandis qu'il passait l'hiver à lever de nouvelles troupes, à se faire de nouveaux alliés, la cour de France ne s'occupait que de bals, de festins et de tournois, pour célébrer le mariage de la fille de la favorite avec le prince Horace Farnèse.

Le roi apprit, au milieu des fêtes dont la magnificence étonnait la capitale, que l'empereur était entré en campagne, et s'était rendu maître de plusieurs places. Ainsi l'imprévoyance de la cour compromettait grièvement la sûreté de la France. Coligny partit avec le connétable pour arrêter la marche des impériaux.

Le connétable avait réuni près d'Amiens toutes les troupes disponibles; il n'attendait pour entrer en campagne que les Suisses; mais ce retard pouvait avoir de fatales conséquences. Il forme plusieurs corps de partisans pour harceler l'ennemi; Coligny se distingua par sa valeur et son adresse. Les impériaux furent souvent battus, et enfin mis en pleine déroute près de Doulens.

Leurs débris cherchèrent vainement une retraite. Ils espéraient trouver un asyle sûr dans les forts de Beauquesne; mais les Français les avaient détruits. Ils s'abritèrent dans Miramont et d'autres petits forts peu éloignés de Péronne.

Les Suisses arrivèrent enfin, et le connétable se vit à la tête de 54,000 hommes d'infanterie, 10,000 cavaliers, et 100 pièces d'artillerie.

Coligny commandait quarante-neuf compagnies d'infanterie faisant ensemble environ quinze mille hommes.

Cette armée s'avança sur Bapaume; Coligny s'était porté en avant pour reconnaître la place, et se convainquit qu'il n'y avait aux environs que très peu d'eau. Il fut donc décidé que l'armée se dirigerait sur Cambrai.

Les habitants offrirent des vivres, et refusèrent de recevoir les Français. La place fut bientôt investie, mais les pluies empêchèrent qu'on en fît le siége. Le connétable, excédé des fatigues de la guerre, tomba malade, et les troupes entrèrent en quartier d'hiver.

Le jeune roi d'Angleterre mourut à cette époque. Instruit par l'expérience, le roi de France prit des précautions pour ne pas être surpris. Une nouvelle armée se rassembla à Crécy en Laonais. Le connétable en avait le commandement; il forma un corps d'élite de huit cents hommes de troupes légères, commandé par le prince de Condé, de vingt enseignes d'infanterie française, et deux régiments de lansquenets, commandés par Coligny. Le duc de Nevers, à la tête de cette division, reçut ordre de se diriger sur Mézières.

Après une marche pénible à travers les bois et les vallées, cette division arriva en deux jours au val de Surande, s'empara d'Orcimont, Louette, Villarsi, Valsemont et Beausire, et de tous les châteaux dont les garnisons ravageaient la Champagne.

Le connétable, à la tête du grand corps d'armée, s'avança vers Avesne et assiégea Marienbourg; et, ayant rejoint le duc de Nevers, il fit camper toute l'armée sur les deux rives de la Meuse, à Givet.

Le roi désespérait de se rendre maître de Marienbourg sans s'exposer aux chances d'un siége long et pénible. Coligny se chargea de cette importante opération : ses savantes manœuvres, son courage, son infatigable activité, triomphèrent de tous les obstacles, et ses succès passèrent toutes les espérances.

Le roi, témoin de ses efforts et de son étonnante autant qu'heureuse habileté, lui témoigna sa satisfaction en présence de tous les chefs réunis à son quartier. Dès qu'il aperçut l'amiral : « Voilà mon homme ! s'écria-t-il avec « l'accent de l'admiration, et c'est de « luy que je me serviray quand j'au- « ray quelque siége à faire. »

L'amiral se surpassa lui-même au siége non moins mémorable de Dinant. Les habitants, dirigés par l'évêque de Liége, qui, protégé par l'empereur, avait usurpé cet épiscopat sur l'abbé de Beaulieu, avaient répondu aux envoyés du roi, qui étaient venus les sommer de déclarer s'ils entendaient rester neutres, « que le roy de France « et le duc de Nevers s'approchassent, « à la bonne heure, qu'ils leur arra- « cheroient le foye pour en faire un « bon desjeuner. »

Coligny, par la rapidité et l'énergie de ses attaques, les réduisit à se rendre au bout de trois jours. Ils tentèrent en vain de fatiguer les Français par la plus opiniâtre résistance.

Dinant paya cher sa brutale et insolente réponse aux envoyés du roi. L'artillerie foudroya ses remparts ; deux tours s'écroulèrent. Les troupes montèrent à l'assaut. La résistance opiniâtre des habitants les força à se retirer.

Coligny, dont les obstacles irritaient le courage, rallie ses soldats et les harangue ; il leur rappelle leurs anciens exploits, la gloire de leurs aïeux ; le roi est témoin de leur nouveau fait-d'armes; ils vont combattre sous ses yeux, et aucun acte de courage n'échappera à ses regards et à sa munificence.

Il dit, et s'emparant d'une enseigne, il monte sur la brèche et y plante son drapeau. Montpesat partage sa gloire et ses dangers; la plupart des soldats ne marchaient qu'avec lenteur; mais l'audacieuse témérité de Coligny avait tellement effrayé les assiégés, qu'ils crurent que toute l'armée avait passé avec lui par la brèche, et demandèrent à capituler. Le duc de Nevers fit entrer l'infanterie dans la ville pour en empêcher la ruine; mais les soldats allemands, à la solde de la France, avaient déjà pénétré dans les maisons, et se livraient au pillage. La citadelle se rendit bientôt, et le roi la fit démanteler ainsi que la tour de Bouvines.

L'armée marcha ensuite sur le Hainaut. Le duc de Savoie, après avoir vainement essayé de défendre les passages de la Meuse, se mit en retraite; les Français s'emparèrent de Bavai, de Biche, de Mariemont et d'autres places.

Cependant l'armée impériale, commandée par le duc de Savoie, ayant reçu de puissants renforts, attendait l'armée française au milieu des places où elle s'était si imprudemment engagée. Mais, harassée de fatigue après une longue marche, elle évita le combat et prit la route du Quesnoy, et après avoir traversé le Cambresis et l'Artois, elle arriva sous les murs de Renti, que le roi assiégea en personne.

L'empereur s'avança au secours de cette place; il trouva l'armée française en bataille. Le premier choc fut terrible. La cavalerie française fut contrainte de se replier avec perte.

Tavanes venait de recevoir l'ordre de

charger de nouveau. Il eut la courageuse franchise de déclarer au duc de Guise qu'on ne pouvait se maintenir dans cette position sans rester sous le feu de la mousqueterie espagnole qui bordait le bois, d'où il fallait, avant tout, déloger les arquebusiers.

Le duc de Guise avait fait une grande faute; il lui était facile de s'emparer de ce bois, il avait cru que l'empereur n'attaquerait pas de ce côté. Il s'était laissé prévenir; Coligny répara cette imprévoyance.

A peine est-il informé que l'ennemi s'y était embusqué, qu'il court au secours de Tavanes, chargé de l'attaquer dans cette position.

Il met pied à terre, et suivi de douze cents arquebusiers et cuirassiers, il s'élance, une pique à la main, sur les Espagnols et les disperse. Tavanes part à l'instant avec son corps de cavalerie et achève la déroute de l'ennemi.

C'en était fait de l'armée impériale, si le reste de l'armée eût secondé ce double mouvement. Mais l'empereur eut le temps de faire sa retraite. Le connétable passa la nuit, avec son avant-garde, sur le champ de bataille

Le soir de ce combat célèbre, tous les chefs de l'armée se réunirent chez le roi; on parla de la bataille. Le duc de Guise s'attribuait la victoire. Coligny, qui avait décidé le succès par son intrépidité, ne craignit pas de le contredire.

Le duc furieux, se tournant vers l'amiral, lui dit avec l'accent de la colère : « Morbleu, monsieur, ne cherchez pas à m'ôter mon honneur. » Coligny, plus maître de lui, lui répondit avec calme « que ce n'était nullement son intention. — Aussi ne pourriez-vous, » répondit le fier Lorrain. Coligny lança sur le duc un regard terrible.

Tout faisait craindre un duel entre les deux généraux. Le roi s'établit médiateur, et les obligea de s'embrasser. Coligny se réconcilia de bonne foi, mais le duc lui voua dès ce moment une haine implacable (1).

(1) « Mais ce différend dura peu, dit Brantôme, « et pour ce furent amis *comme devant*. Mais quel « changement vint-il après de cette grande amitié ? « Il s'en concent une partie le soir de la bataille « gagnée à Renti, dans la chambre du roy, et « devant luy, et qu'ainsy qu'ils en discouraient « devant le roy, monsieur l'amiral (comme pos- « sible envieux de la gloire et de l'honneur qu'il « avoit cejourd'huy acquise), lui répugna sur un « petit point que dit monsieur Guise, si bien que « monsieur de Guise luy dit : Ah mort Dieu ! ne me « veuillez oster mon honneur. Monsieur l'amiral « respondit : Je ne le veulx point ; et monsieur de « Guise respondit : Aussi ne le sçauriez-vous.

« De sorte que le roy voyant ces choses pouvoir « aller plus avant, leur commanda de se taire et « d'estre bons amis ; ce qu'ils firent, mais non « comme auparavant, et sur quelque beaux sem- « blans. Et par la prise et emprisonnement de « monsieur Dandelot, avec d'autres envies ambi-

L'empereur n'avait eu d'autre but, dans sa marche, que de sauver la ville de Renti; ce but était rempli.

Il craignait de s'exposer aux hasards d'un nouveau combat.

Le roi, après avoir placé des garnisons dans Ardres et dans Boulogne, était resté dans son camp. Le duc de Vendôme prit le commandement des troupes, et le connétable se rendit auprès du roi.

Coligny, dont la famille devait bientôt s'allier à celle du duc de Vendôme, n'avait point quitté l'armée, malgré son extrême désir de revoir sa femme et ses fils, Henri et Gaspard qui ne devaient pas lui survivre. Coligny semblait destiné à connaître tous les genres de gloire et d'infortune.

« tieuses, alluma mieulx le feu de la haine qui a « duré jusqu'à leur mort.... » (Mém. de Brantôme, vies des Hommes Illustres, t. 1er, 1re part., p. 147, 148, éd. de Leyde, 1699.)

CHAPITRE VII.

Henri II offre vainement le combat à Charles-Quint. — Message. — Départ du roi et du duc de Vendôme. — Alliance des maisons de Navarre et de Châtillon. — Opposition des Guises.

L'EMPEREUR s'était arrêté non loin de Renti. Henri II eût voulu décider le sort de la campagne par une bataille, et se retirer en levant sans honte le siége qu'il avait commencé.

Le connétable lui conseilla d'offrir le combat à Charles-Quint, et de lui donner rendez-vous dans une vaste plaine qui se trouvait entre les deux armées.

L'empereur, bien servi par les espions qu'il entretenait auprès de son rival, refusa de recevoir son héraut d'armes, sous prétexte qu'il était malade. Battu par une partie de l'armée, il ne voulait pas s'exposer à une action générale dont il ne pouvait se promettre aucun avantage. Le héraut d'armes de Henri II avait l'ordre formel de ne remettre ses lettres qu'à Charles-Quint lui-même, et refusa de les donner au cardinal Granvelle. Il se retira, et, après un court délai, il se remit en route pour faire son message; mais les gardes lui fermèrent le passage.

Henri ne demeura pas moins en bataille tout le reste du jour; et, convaincu enfin de l'inutilité de ses démarches, il partit pour Paris où le connétable l'accompagna. Le duc de Vendôme prit le commandement en chef de l'armée, et le duc de Guise, trop fier pour rester sous ses ordres, partit pour Paris peu de temps après le roi et le connétable.

Coligny, que sa qualité d'amiral de France plaçait au-dessus du duc de Guise, n'hésita point à rester à son poste sous les ordres du duc de Vendôme (1). Le prince fut très sensible à ce trait de dévouement et de modestie. Coligny avait toute la confiance de l'armée; jamais on ne l'avait vu déserter le poste du danger pour aller briguer les faveurs de la cour. Le duc de Vendôme, héritier du roi de Navarre, proposa lui-même à Coligny de s'allier à sa famille.

Il demanda pour le prince de Condé la main d'Éléonore de Roye, petite fille de Louise de Montmorency, sœur

(1) Antoine de Bourbon, duc de Vendôme, né à la Fère, en 1518, succéda au trône de Navarre après la mort de Henri, son beau-père; il avait épousé Jeanne d'Albret, et fut père de Henri IV.

du connétable, et mère de l'amiral. Celui-ci s'empressa d'informer le connétable de cette proposition; mais dans la crainte que les Guises ne parvinssent à empêcher le roi de donner son asssentiment à ce mariage, il fut convenu de tenir secret ce projet de mariage.

Les Guises voyaient avec peine la réunion des deux maisons de Chatillon et Montmorency; cette nouvelle alliance avec la maison de Bourbon devait leur porter plus d'ombrage. Le secret ne pouvait être long-temps gardé, et sur le premier soupçon, les Guises firent agir Diane de Poitiers auprès du roi, pour qu'il s'opposât à cet hymen. Mais le connétable usa de toute son adresse, et triompha enfin de tous les efforts de la favorite et des Guises. Coligny, devenu l'ami du duc de Vendôme, avait réuni ses sollicitations à celles du connétable.

Ce mariage eut sur l'avenir de Coligny une très grande influence. Toutes relations entre les Châtillons et les Guises cessèrent; toute reconciliation devient impossible; les princes lorrains confondirent dans leur haine la maison de Châtillon et celle de Bourbon.

Nous verrons le connétable, égaré par son ambition, s'unir à la favorite et aux Guises, s'armer contre ses neveux, et appeler une mort infamante sur la tête de ce même prince de Condé qu'il brûle maintenant de voir l'époux de sa petite-nièce; et Coligny, toujours fidèle à ses serments et à ses premières affections, partager les revers et les dangers d'un prince dont la carrière politique a prouvé qu'un grand caractère peut s'allier à un grand courage.

Quelques évènements militaires vont marquer encore l'époque du mariage d'Éléonore de Roye et du prince de Condé.

Coligny et le duc de Vendôme observaient les mouvements de Charles-Quint. Les deux armées restèrent long-temps en présence. L'empereur espérait que le départ précipité du roi, du connétable et du duc de Guise, serait bientôt suivi de celui du duc de Vendôme; il se trompa sur ce point; mais huit jours étaient à peine écoulés, que la plus grande partie de la noblesse quitta l'armée pour revenir à la cour, et cette brusque désertion affaiblit d'un tiers les troupes du duc de Vendôme.

L'empereur, qui avait feint de se retirer, revint brusquement sur ses pas, et rallia toutes ses forces. Il fit courir le bruit qu'il se dirigeait sur Doulens, et le duc de Vendôme le crut d'autant plus que déjà l'année précédente, l'armée de Charles-Quint avait tâché de s'emparer de cette place. Coligny se dirigea de ce côté pour jeter du secours dans cette ville.

Mais l'empereur n'avait simulé ce mouvement que pour faciliter son passage, et tout-à-coup il tourna à droite, et l'apparition ou fortuite ou combinée de quelques vaisseaux anglais sur les côtes fit craindre qu'il ne marchât contre Boulogne ou Montreuil; mais il prit une autre direction et suivit la route d'Abbeville.

Cette invasion porta l'effroi dans ces contrées. Il s'avança jusqu'à Saint-Ricquier; le duc de Vendôme réclama du secours; vainement il pressa la cour d'enjoindre à la noblesse qui l'avait abandonné de venir le rejoindre; aucun ne parut. L'empereur aurait désiré alors forcer le duc de Vendôme à accepter une bataille. La victoire ouvrait à l'armée le centre de la France. Le duc aurait donné dans le piége, sans les instances de Coligny qui lui en fit sentir tous les inconvénients ; il vit enfin ce prince déférer à ses avis.

Il se borna à harceler l'ennemi, et à l'empêcher d'exécuter le plan qu'il avait arrêté.

L'armée impériale remonta vers Montreuil-sur-mer sans pouvoir amener le duc de Vendôme à une action générale. Montreuil était bien approvisionné en munitions de guerre et de bouche, et défendu par une forte garnison.

Convaincu enfin de l'impuissance de ses efforts et de l'inutilité de ses ruses de guerre, Charles-Quint se détermina à quitter son armée, qu'il laissa sous le commandement du duc de Savoie.

Il lui recommanda de faire fortifier le Ménil, village important par sa position, et situé sur les bords de la rivière de Canche (1), un peu au-dessous d'Hesdin. Cette dernière ville avait été démolie l'année précédente par ordre de Charles-Quint.

Il s'aperçut qu'il avait fait une faute grave, et la sûreté de sa frontière aurait dû lui faire sentir la nécessité de conserver cette ville, et de renoncer à un dessein que l'humanité seule aurait dû l'empêcher d'exécuter.

Ces actes de barbarie sont plus rares depuis, et lorsque la politique commande de pareilles mesures, les places sont démantelées, mais du moins les malheureux habitants ne sont pas dépouillés de leurs propriétés, chassés de leurs maisons embrasées, et obligés d'aller mendier chez leurs voisins un asile que la férocité du vainqueur ne permettait pas toujours d'atteindre.

(1) Petite rivière, qui arrose Hesdin, Étaples et Montreuil, département du Pas-de-Calais, et va se perdre dans la mer de Bretagne.

Coligny lui-même ne fut pas toujours le maître de se soustraire à cet usage barbaré, à ces dévastations souvent funestes au vainqueur lui-même. Telle fut la situation embarrassante et méritée où Charles-Quint se trouva réduit, pour avoir détruit et ruiné la ville d'Hesdin. L'humanité n'y gagna rien; ce fut encore une leçon inutile.

Telle fut la fin de cette campagne, dont les ennemis se promettaient de si importants résultats. Ils s'étaient flattés de conquérir la France, de se partager ses provinces, et ils avaient été forcés de s'en éloigner honteusement. Le dernier combat n'avait été pour les Français qu'une nouvelle victoire. Les ennemis n'avaient dû leurs premiers succès qu'à la trahison; mais les Français unis sont invincibles, et leurs ennemis ne l'ont jamais oublié.

Les besoins de l'armée et les nouvelles dispositions qu'exigeait le départ de Charles-Quint obligèrent Coligny de se rendre à la cour.

Convaincu que le meilleur moyen de hâter la conclusion de la paix que l'on négociait alors était de se préparer à soutenir la guerre avec la certitude du succès, il ne partageait pas l'imprudente sécurité du gouvernement.

CHAPITRE VIII.

Le roi donne à Coligny une compagnie de cent hommes d'armes. — Il fait des réglements qui sont adoptés pour toute l'armée. — Abdication de Charles-Quint. — Dandelot est rendu à la liberté. — Haine et vanité du duc de Guise. — Premier attentat contre la vie de Coligny.

Le roi reçut l'amiral d'une manière distinguée, et, pour lui donner une preuve de sa satisfaction, il lui fit présent d'une compagnie de cent hommes d'armes. Coligny en fit bientôt un des plus beaux corps de l'armée. Il n'y admit que des gentilshommes qui eussent donné des preuves de courage et rendu de notables services à l'état.

Les soins de sa compagnie et de sa charge le retenaient dans la capitale. Il y réunit sa famille. Aimé du roi, estimé de toute l'armée, parvenu aux plus hauts grades militaires, rien n'aurait alors manqué à son bonheur s'il avait eu près de lui son frère Dandelot. La paix seule pouvait le lui rendre.

Il apprit avec la plus agréable surprise que l'Angleterre offrait aux deux puissances belligérantes sa médiation. Des commissaires français et impériaux devaient se réunir près d'Ardres, entre Calais et Gravelines. Mais rien n'était encore décidé; les deux partis n'avaient pas même de plan arrêté.

Antoine de Bourbon, duc de Vendôme, venait de quitter l'armée, pour aller recueillir les biens du roi de Navarre, son beau-père. Il laissait vacant le gouvernement de Picardie, que le roi donna à Coligny; le prince de Condé le sollicitait vivement. Coligny, informé de cette circonstance, l'offrit lui-même au prince, qui le remercia d'un procédé aussi rare que délicat.

Coligny, qui ne voyait dans sa nouvelle charge que les nouveaux devoirs qu'elle lui imposait, s'empressa d'aller visiter les places de son gouvernement, et établir l'ordre et la discipline dans les garnisons.

Le roi lui donna bientôt le gouvernement de l'île de France; cette province était contiguë à celle de Picardie.

Coligny avait fait une étude particulière de la stratégie et de la discipline militaire; il avait rédigé de sages réglements, qu'il avait appliqués d'abord à l'administration du régiment dont il était colonel, et ensuite à sa compagnie de cent hommes d'armes.

Dans ses deux gouvernements, il refusa les présents d'usage. Ces présents n'étaient alors rien moins que volontaires; c'était une véritable contribution imposée sur les villes, au profit du nouveau gouverneur.

Ses réglements reçurent l'approbation de tous les chefs les plus expérimentés; ils étaient devenus le code régulateur de l'armée française.

Brantôme, qui a su si judicieusement apprécier les hommes et les choses de son temps, affirme avoir entendu dire à des capitaines, opposés d'ailleurs d'opinion et de croyance avec Coligny, qu'il faut se gouverner et régler par les ordonnances de M. l'amiral.

Il prit de si sages précautions pour la sûreté des villes de son gouvernement de Picardie, qu'elles n'eurent rien à craindre des entreprises des troupes impériales.

Il prévoyait d'ailleurs que le plan des ennemis était d'ouvrir la campagne par l'attaque de Marienbourg et de Rocroy, et il se hâta d'aller rejoindre le duc de Nevers, qui, depuis le retour du connétable à la cour, avait pris le commandement de cette armée.

Après un mois de travail continuel, et malgré les obstacles qu'opposaient l'épuisement des campagnes et les difficultés des positions, Coligny parvint à approvisionner les places de Marienbourg et de Rocroy.

Charles-Quint étonna l'Europe par une action d'autant plus extraordinaire que l'on connaissait son attachement à la puissance souveraine. Il abdiqua l'empire en faveur de son fils. Il conserva cependant quelque temps la direction suprême de l'administration. Il sentit bientôt que pour consolider la puissance de son jeune successeur, il devait lui épargner les embarras de la guerre. Il fit proposer à la France une trève par l'entremise de l'Angleterre.

Coligny, aussi habile négociateur que bon général, fut chargé de stipuler au nom de la France. Le traité fut bientôt conclu ; les deux parties étaient également impatientes de mettre un terme aux hostilités. Les conférences eurent lieu près d'Ardres. L'empereur en avait fait faire les premières propositions par un prisonnier de guerre qui fut amené à l'amiral à Doulens.

Peu de jours après on régla l'échange des prisonniers, et bientôt Coligny eut le bonheur de presser dans ses bras son frère Dandelot, depuis long-temps prisonnier à Milan.

Il fut chargé d'aller présenter le traité à la ratification de l'empereur à Bruxelles. De retour dans son gouvernement de Picardie, il eut l'honneur d'y recevoir le roi. Il tint table ouverte, et cette dépense extraordinaire épuisa toutes ses économies. Ce fut dans cette circonstance qu'il dut se convaincre de l'orgueil et de la haine des Guises.

Deux gentilshommes de Picardie avaient obtenu du roi la permission de vider leur querelle par un combat singulier. Ils étaient justiciables de l'amiral, en sa qualité de gouverneur de la province. Le duc de Guise osa prétendre être juge du combat. Coligny avait été sous ses ordres; il était son supérieur; tels étaient les motifs de sa prétention. Vainement le roi lui déclara que cette supériorité qu'il réclamait avait cessé avec la guerre. Le duc de Guise insista. Diane l'appuya de tous ses moyens. Le roi fut inflexible, et l'amiral échappa à l'humiliant affront que lui préparait le duc ne Guise, qui ne prit plus la peine de dissimuler son animosité contre lui.

Coligny avait accompagné le roi à Paris. Il obtint la permission d'aller rejoindre sa famille à Châtillon. Il avait projeté d'agrandir son château, et deux architectes devaient s'y rendre. D'après leur plan, il fallait tout démolir et refaire les bâtiments en entier.

Cette dépense excédait les moyens de l'amiral; il les indemnisa de leur voyage, et abandonna son projet.

Tandis qu'il s'occupait de ces soins domestiques, un misérable, aposté par les Guises, menaçait ses jours. La chasse était son unique délassement; il se trouvait dans un fourré avec quelques-uns de ses gens, quand un coup de fusil se fait entendre à peu de distance. Ses gens y courent, et lui amènent bientôt un étranger qu'il reconnut pour un valet de pied du duc de Guise. Il l'interroge, et sa réponse est affirmative. Cet homme se flattait sans doute que sa sincérité et le rang du duc de Guise, son maître, le feraient traiter moins rigoureusement. Il ignorait sans doute que c'était un tort de plus.

Coligny, plus généreux que prudent, le renvoya. « Je te pardonne, lui dit-il, parce que tu n'es qu'un misérable, et que tu ne sais ce que tu fais; mais va dire à ton maître que si je l'avais trouvé lui-même où je te trouve, il n'en serait pas quitte à si bon marché que toi. » A peine s'était-il retiré qu'un des gens de Coligny lui apprit que cet homme n'était plus au service des Guises, qu'il demeurait à deux lieues de là, qu'il était marié, et qu'il était maintenant tireur chez un gentilhomme du voisinage. Coligny fit courir après lui; on le lui ramena. Tout tremblant, il avoua son mensonge. « Eh bien! je te pardonne de nouveau, lui dit Coligny, quoique, si j'avais su plutôt ce qu'on vient de m'apprendre, je ne l'eusse peut-être pas fait; mais qu'il ne te t'arrive plus d'y revenir, ce ne serait plus la même chose. » Coligny, en se montrant plus sévère, et en déférant le coupable aux tribunaux, eût pu prévenir les nouveaux attentats des Guises contre lui. D'autres évènements ne lui laissèrent bientôt plus de doute sur leurs criminels projets.

Pendant le court séjour qu'il fit à Châtillon, il reçut la visite des gentilshommes ses voisins. Tous lui offrirent leurs services, et la plupart vinrent se joindre à lui lorsque la guerre civile éclata. Il se hâta de revenir auprès du roi, à qui il avoua franchement le motif de son voyage, et que le défaut de fonds l'avait obligé de renoncer aux constructions qu'il avait projetées. Le roi lui offrit dix mille écus qu'il refusa, en l'assurant néanmoins qu'il les accepterait dans une autre occasion. Le roi lui promit de les tenir à sa disposition pour l'ouverture de la prochaine campagne.

CHAPITRE IX.

Arrivée du cardinal légat, neveu du pape, à la cour de France. — Motif de son voyage. — Reprise des hostilités en Italie. — Traité rompu. — Seconde tentative contre la vie de Coligny. — Son retour en Picardie.

Le pape, que son paisible et saint ministère établit médiateur entre les souverains, et qui aurait dû les féliciter d'avoir mis un terme à leurs divisions, n'apprit la nouvelle de la trêve qu'avec peine. Il n'aimait point la maison d'Autriche, et la France seule pouvait lutter avec avantage contre elle. La paix était un obstacle à ses desseins secrets. Il ne songea qu'à la rompre.

Il écrivit en conséquence à la cour

de France; mais le conseil eut d'abord la sagesse de résister à ses insinuations. Le pape n'avait cédé lui-même qu'aux sollicitations de ses neveux; et l'un d'eux, le cardinal Caraffe, fut envoyé en France, pour décider le roi à rompre une trève qui contrariait l'ambition de la famille papale plus que le pape lui-même.

Le cardinal neveu arriva à Fontainebleau, et trouva la cour partagée en plusieurs factions; il était jeune, d'un extérieur très agréable. Il sut jouer avec autant d'adresse que de succès tous les rôles, pour réussir dans sa singulière mission.

« Il se montra, dit Mézeray, cavalier parmi la noblesse, galant parmi « les dames, de gaie humeur parmi « les gaillards, fist la cour à la du« chesse de Valentinois, et la régala « fort de la part du saint père et la « sienne. »

Vainement le connétable, et surtout Coligny, représentèrent au roi que la paix était le premier besoin de la France; que l'honneur seul lui faisait un devoir de respecter le traité qu'il avait récemment conclu avec l'empereur Charles-Quint; qu'il n'avait nul grief à opposer à son successeur : les Guises voulaient la guerre. Le connétable, informé que le chef de cette famille devait commander l'armée française en Italie, et persuadé que cette guerre ne serait pas heureuse, voyait avec quelque plaisir ce fier rival engagé dans une entreprise dont le résultat, sans doute, serait la perte de sa réputation militaire. Il ne combattit plus que bien faiblement le projet du roi; et Coligny seul persista avec la même franchise, le même courage, à s'opposer à une guerre qui compromettrait les véritables intérêts de la France et l'honneur de ses armes.

Mais bientôt le connétable se mit dans la nécessité de n'avoir plus d'autre parti que celui de la favorite ; il avait cru s'apercevoir que le roi ne lui témoignait plus la même confiance ; et pour prévenir une disgrâce dont la seule idée lui était insupportable, il rechercha l'alliance de Diane, et fit épouser à son fils aîné la veuve du duc de Castro, et au second, mademoiselle de la Mark, fille de Diane et du grand sénéchal de Brezé, son mari.

La présence du légat avait donné aux intrigues de la cour une nouvelle activité.

L'ambition est la plus exclusive des passions. Le commerce scandaleux du roi avec la duchesse de Valentinois était connu de toute l'Europe. Il convenait au souverain pontife de paraître l'ignorer ; s'il n'était pas assez ami des mœurs pour blâmer hautement une liaison également criminelle au tribunal de l'opinion et des mœurs, et à celui d'une religion sainte qui a mis la vertu conjugale au rang des premiers devoirs qu'elle prescrit aux chrétiens; et l'envoyé du souverain pontife s'oublie jusqu'à sanctionner par ses hommages la dépravation et l'adultère!

Sa harangue au roi était extrêmement insidieuse. « Les rois de France, disait-il, se faisaient honneur de rester fidèles à leurs alliés; il suffisait d'être malheureux pour obtenir leur appui. » Il fit ensuite l'application de cette assertion aux circonstances: « Ne « fermez pas l'asyle le plus assuré de « tous les souverains pontifes et de « tous les princes malheureux. Privés « du secours qu'ils espèrent trouver « en France, ils seraient réduits à la « triste nécessité d'implorer honteusement la protection de vos propres « ennemis, et de mendier chez eux

« un appui que votre royaume leur « doit. »

Il offrit ensuite au roi une épée que le saint père avait pris soin de bénir lui-même. Puis, cherchant à intéresser l'ambition du roi, il lui parla de ses droits au trône de Naples, et promit, au nom du souverain pontife, tous les secours d'hommes et d'argent nécessaire pour s'en rendre maître.

La duchesse de Valentinois fit valoir au roi les conclusions de cette harangue. Tandis que l'ambassadeur du pape intriguait à Paris, que ce prélat s'épuisait en éloges sur la sage administration du roi, la France, épuisée d'hommes et d'argent par les guerres précédentes, faisait des vœux pour la continuation de la paix, et appelait l'attention du chef de l'église sur les dissensions religieuses qui divisaient le monde chrétien. Mais alors les peuples n'étaient considérés que comme les instruments passifs des passsions des princes, et la France allait s'armer pour la querelle de deux familles italiennes qu'elle ne connaissait pas, et avec lesquelles le roi n'avait aucun intérêt à débattre.

Le cardinal légat s'était assuré de la favorite par de riches présents; elle ne fut pas ingrate, et la guerre fut décidée. Cependant le roi ne pouvait se dissimuler l'inconvenance d'une rupture aussi précipitée.

Tout était prévu pour surmonter cet obstacle; et le cardinal légat le releva des serments qu'il avait faits en ratifiant la trève, et il lui fut même permis d'attaquer l'empereur sans déclaration de guerre.

Le duc de Guise partit pour l'Italie à la tête de l'armée française, mais il ne trouva rien de ce que le légat lui avait promis; les neveux du pape, en armant la France pour leur seul intérêt, n'avaient eu d'autre motif que d'effrayer leur adversaires. L'empereur leur rendit Plaisance, et le duc de Savoie Sienne; et l'armée française, assiégée de privations, et abandonnée à ses propres forces, trahie par ceux même qui l'avaient appelée à leur secours, ne put obtenir aucun succès.

Coligny, qui avait eu tant de part au traité que le légat du pape venait de rompre, reçut l'ordre de se mettre à la tête d'une autre armée destinée à marcher contre les Pays-Bas. Il obéit à regret, mais sans se plaindre et sans différer. Il suivit en Picardie le connétable et le maréchal de Saint-André. Il se dirigea d'abord sur Arras, dont il menaça les faubourgs. Il ne s'arrêta que peu de temps devant cette place, et prit, avec le corps d'armée qu'il commandait, la route de Flandre. Il comptait sur des intelligences qu'il s'était ménagées dans Douai. Mais soit mauvaise foi, soit impuissance de tenir leurs promesses, ses affidés ne remplirent point celles qu'ils avaient faites; il espérait néanmoins surprendre cette place.

Il arriva pendant la nuit de la veille des Rois sous les murs de Douai, et fit sur-le-champ ses dispositions pour les escalader. L'entreprise paraissait d'autant plus facile que la garnison se reposait sur la foi des traités, et que les bourgeois s'abandonnaient tranquillement aux plaisirs de la fête.

Mais une femme, ayant aperçu les échelles, donna par tout l'alarme; la garnison fut bientôt sous les armes, et les bourgeois, réunis aux soldats, couvrirent les remparts. Coligny voyant sa ruse découverte se retira sur la ville de Lens, qui fut pillée et livrée aux flammes; et l'armée, chargée d'un riche butin, prit ses quartiers d'hiver.

La cour de Madrid se plaignit bientôt

de ces hostilités, que n'avait précédées aucune déclaration. La France n'avait fait que suivre l'exemple que l'Espagne lui avait donné dans d'autres circonstances.

Toute l'Europe fut inondée des manifestes des deux puissances.

La France, qui d'abord avait pensé n'avoir à combattre que l'empereur, eut aussi à se défendre contre l'Angleterre. Les Espagnols partis des Pays-Bas franchirent nos frontières, et menacèrent la Picardie.

Le connétable, le maréchal de Saint-André et Coligny, vinrent rejoindre l'armée rassemblée à Pierre-Pont. Mais bientôt les ennemis, ainsi que l'avait prévu Coligny, après plusieurs contremarches, se dirigèrent sur Saint-Quentin. Cette ville n'avait qu'une assez faible garnison, sous les ordres de son gouverneur, le capitaine Breuil.

Coligny, toujours dévoué, résolut

de défendre la principale place de son gouvernement, ou de s'ensevelir sous ses ruines.

Le connétable applaudit à cette généreuse résolution; et Coligny, avec quelques troupes légères, partit le 2 août 1557 pour Saint-Quentin, que menaçait la formidable armée de l'empereur, commandée par le duc de Savoie.

CHAPITRE X.

Coligny se jette dans Saint-Quentin. — Longue défense de cette place. — Bataille de Saint-Quentin. — Résultats.

Le duc de Guise avait emmené en Italie la meilleure partie des troupes. Le connétable, Coligny et le maréchal de Saint-André, qui avaient à combattre des forces plus considérables, et plus de résistance à craindre, n'avaient pu obtenir que des corps peu nombreux et peu aguerris. Ils furent obligés de se tenir sur la défensive.

L'amiral suivait sa marche pour se rendre à Saint-Quentin; il fut forcé de faire un grand détour pour éviter l'ennemi. Il reçut à la Fère un courrier du connétable, qui le pressait de faire la plus grande diligence pour entrer dans Sant-Quentin. Le duc de Savoie, qui commandait l'armée espagnole dans les Pays-Bas, se portait contre cette ville à marches précipitées et avec des forces considérables.

A peine Coligny avait-il envoyé à la découverte quelques coureurs, pour savoir où était l'ennemi, qu'un autre courrier lui apporta une lettre du gouverneur de Saint-Quentin, qui lui annonça que les habitants épouvantés le forceraient de rendre la place si le secours n'arrivait pas promptement. Il répondait d'introduire l'amiral et sa troupe dans la ville la nuit suivante, s'il pouvait s'approcher à temps.

L'amiral ordonna sur-le-champ le départ. Les officiers furent invités à n'emmener avec eux ni bagages ni domestiques. Jarnac, Luzarches et d'autres officiers, le prièrent de ne point s'enfermer dans la place, ils voulaient se charger seuls de l'expédition, prétendant qu'il leur serait plus facile de de combattre l'ennemi en pleine campagne, que par des sorties toujours meurtrières, et au milieu d'une population timide et toujours alarmée.

Coligny fut inflexible et poursuivit l'exécution de son dessein; Vaulperghe, gouverneur de Saint-Quentin lui tint parole. Tout était disposé pour recevoir l'amiral et les siens, et le secours entra dans la ville la nuit suivante, à une heure du matin.

Mais il s'aperçut bientôt qu'une partie de sa troupe l'avait abandonné en route.

Avec tout ce qu'il avait tiré des garnisons de la Fère et de Ham, il n'avait pu rassembler que trois mille hommes, et il n'en avait plus que sept cents quand il entra dans Saint-Quentin. Sans s'effrayer de cette lâche défection, il voulut d'abord connaître la situation de la place, et dès la pointe du jour, il fit la revue de tous les postes, assembla les notables à l'hôtel-de-ville, et fit faire un recensement général des vivres et des armes, en régla la distribution, réunit dans un même local tous les outils dont on pouvait avoir besoin, et classa par compagnies tous les hommes en état de porter les armes.

La place n'avait que pour trois semaines de vivres. Prévenu à temps, l'administrateur de cette partie du service n'avait cependant pris aucune précaution. Les magasins militaires étaient dégarnis. L'amiral fit ouvrir les greniers des habitants, et il s'y trouva pour plus de deux mois d'approvisionnement. Il réclama les conseils de tous les officiers qui avaient soutenu des siéges; il fit abattre les arbres qui environnaient la ville: malgré son activité, il en resta du côté de la porte de Remirecourt. Il fallait aussi réparer les brèches ; l'amiral donna lui-même l'exemple, en prenant la hotte et la pelle. Il n'avait point d'artilleurs expérimentés ; il s'occupa d'instruire quelques officiers. Il écrivit au connétable pour obtenir un renfort d'infanterie.

L'ennemi s'était emparé du faubourg de Lille ; l'amiral tenta de l'en déloger. Cette entreprise fut exécutée avec plus de courage que de succès. Les poudres étaient déposées dans un endroit peu sûr, et la consommation en était mal réglée. Il fit tout transporter dans un même local, dont il confia la garde et l'administration à un officier expérimenté. La remise des poudres au dépôt général et celle des vivres ne fut pas exécutée aussi exactement que l'amiral l'espérait. Gibercourt, maire de la ville, fut presque le seul qui fit son devoir.

Les barils dans lesquels les poudres étaient renfermées ne pouvaient d'ailleurs supporter le transport. Il fallut les vider et les transporter dans des sacs et des draps.

Dans le trajet, une partie s'enflamma, et l'explosion fut telle qu'elle fit à la muraille une brèche considérable. L'ennemi eut pu en profiter, mais le feu qui dévorait les maisons du faubourg les empêcha d'apercevoir cette brèche.

L'amiral, que le peu de succès de sa première sortie pour déloger l'ennemi du faubourg n'avait point découragé, en tenta une seconde. Il fit venir Téligny, dont le courage et le dévouement méritaient toute sa confiance. Il lui ordonna de faire partir cinquante cavaliers de son régiment, et de choisir l'officier qui devait les commander. Il l'engagea sur-tout à ne point sortir lui-même. Tout fut bientôt prêt; Téligny fit sortir son détachement; mais à peine eut-il franchi les murs que l'ennemi l'enveloppa de toutes parts.

Téligny, informé du danger dans lequel étaient l'officier et les cavaliers qu'il avait envoyés, se lève brusquement, s'élance sur le premier cheval qu'il rencontre, et vole à la défense des siens, qu'il espérait dégager et faire rentrer dans la ville. Mais bientôt il est entouré d'ennemis; il se défend avec le courage du désespoir.

Coligny apprend avec le plus vif regret que Téligny est sorti malgré sa défense. Téligny était le meilleur officier de la garnison. L'amiral est impatient de savoir ce qu'il pouvait être devenu. Un soldat se présente; il offre de rejoindre Téligny, et d'en apporter des nouvelles. L'amiral applaudit à son dévouement, et lui donne quelques autres soldats pour l'accompagner.

Accablé de sommeil et de fatigue, il

s'était jeté un instant sur le lit de Jarnac, un de ses officiers. Réveillé tout-à-coup par le bruit de la mousqueterie, il se dirige vers le lieu du combat, et à peine a-t-il fait quelques pas hors de son logement qu'il aperçoit un groupe de guerriers marchant lentement. Il s'avance et voit au milieu d'eux le soldat qu'il avait envoyé hors des murs. Il portait sur son dos Téligny expirant.

L'amiral le fait transporter chez lui. Il fait appeler les chirurgiens. Téligny a enfreint les ordres de son général; il s'attend à des reproches. Coligny ne songe qu'à le consoler; convaincu que les secours des gens de l'art seront malheureusement inutiles, il veut du moins lui assurer les secours de la religion, et déjà par ses ordres l'aumônier est près du mourant. Coligny va se retirer; le bien du service réclame ailleurs sa présence.

Le jeune guerrier sollicite d'une voix mourante son pardon, et l'obtient. Il meurt une heure et demie après son retour dans la ville. Il emporta les regrets de toute la garnison et de son général.

Les ennemis poussaient leurs travaux avec tant d'activité que la ville, tout-à-fait investie, ne pouvait plus espérer recevoir de vivres. Informé bientôt que tout était disposé pour une attaque générale, Coligny donna l'ordre à ses officiers de faire rentrer toutes les troupes qui étaient restées dans le faubourg, et d'ordonner aux derniers pelotons de mettre le feu en divers endroits; et il redoubla d'efforts pour terminer les travaux de défense intérieure.

Cependant il ne laissait échapper aucune occasion de faire savoir au connétable l'extrémité à laquelle il était réduit. Montmorenci fit avancer l'armée jusqu'à la Fère. Là il dépêcha le maréchal de Saint-André avec trois cents gens darmes, et l'ordre de se porter sur Ham. Il envoya bientôt après le prince de Condé avec une partie de sa cavalerie légère, et Dandelot avec huit compagnies d'infanterie; deux généraux devaient occuper l'ennemi et s'approcher de Saint-Quentin pour y jeter du secours.

L'amiral, informé de ces mouvements, avait envoyé Vaulperghe pour leur servir de guide. Celui-ci était parvenu a joindre Dandelot, et ils traversèrent ensemble le quartier destiné aux Anglais, qui n'étaient pas encore arrivés. Ils crurent pouvoir aisément franchir ce passage, mais il furent trahis; et Vaulperghe, après avoir vu périr presque toute la colonne qu'il dirigeait, parvint à peine à se sauver.

Avant le départ de cet officier, Coligny, placé près de lui sur le clocher de la grande église, lui avait indiqué le chemin qu'il devait suivre, dans le cas où il serait chargé d'introduire le secours dans la ville.

La nuit était très obscure, et cette circonstance favorisait l'expédition. Ce secours était impatiemment attendu; la nouvelle de la défaite remplit la ville d'épouvante; les habitants effrayés, regardant la défense comme impossible, ne se livraient plus aux travaux qu'avec une extrême répugnance.

Le courage de l'amiral devait subir tout les genres d'épreuve, et son dévouement croissait avec les obstacles. Ses ordres pour détruire le faubourg de Lille, où l'ennemi pouvait s'établir, n'avaient été exécutés qu'en partie; l'ingénieur avait laissé dans leur entier les batiments de l'Abbaye.

Bientôt le feu se communique, et les flammes ont atteint la porte de la ville qui s'ouvre sur le faubourg; une tour remplie de poudre saute avec un épouvantable fracas. Si l'ennemi avait profité du désordre et de l'effroi qu'excita cette explosion, la ville était à lui. L'amiral s'est élancé à travers les décombres; il arrive le premier sur la brèche; il menace en même temps l'ennemi, défend ce poste embrasé, et donne des ordres aux travailleurs pour fermer la brèche. Les citoyens, les soldats, s'empressent de lui obéir; deux heures se sont à peine écoulées que tout est repris. Mais l'amiral eut à déplorer la perte de quarante guerriers parmi lesquels se trouvaient cinq officiers de son état major.

On apprit bientôt l'arrivée des Anglais au camp des assiégeants. Coligny seul conservait tout son courage et son sang-froid. Il s'aperçut qu'il serait encore possible de recevoir des secours; mais les ennemis, par une nouvelle disposition de leurs postes, fermèrent tous les passages. Il se hâta d'en informer le connétable.

Les ennemis continuèrent à faire leurs tranchées sur-tout vers la porte de Remirecourt. Coligny, pour mieux observer leurs travaux dans cette partie, où l'on n'avait pu encore abattre les arbres qui masquaient leurs mouvements, monta sur le clocher de la grande église avec Lauxfort, ingénieur.

Il s'aperçut que les ennemis faisaient une mine et non une tranchée ; il ordonna sur-le-champ de faire une contre-mine et de tout tenter pour les empêcher d'approcher de la ville ; il n'avait qu'une faible garnison et quelques petites pièces de campagne; mais nul moyen de faire de nouvelles sorties. L'ennemi était plus nombreux, et son artillerie mieux servie. Ils ruinaient aisément les travaux des assiégés.

Coligny imagina de faire faire des saignées dans des marais entre la Fère et la rivière; à son exemple les bourgeois et la garnison terminèrent ce travail. Les saignées formèrent un ruisseau peu large, mais assez profond à travers le marais. Il en fit prévenir le connétable, qui sur-le-champ partit de la Fère, le 8 du mois d'août, avec deux mille chevaux et quatre mille fantassins, atteignit le village appelé le Grand-Essigny, et il s'avança dans la direction du marais. Condé et Dandelot marchaient avec lui.

L'armée ennemie, commandée par le prince de Savoie, n'avait sur ce point ni corps de garde, ni sentinelle. Il fit prévenir l'amiral que le surlendemain, 10 du mois d'août, l'armée serait au point convenu, et qu'il fît ses dispositions pour assurer son passage. Toute l'armée se mit en marche; mais soit difficulté des chemins, soit défaut d'ensemble dans les mouvements, elle n'arriva qu'à neuf heures au faubourg de Lille; elle y devait être à quatre.

Le quartier du duc de Savoie s'étendait au-delà du marais et de la rivière. Il ne s'aperçut de l'approche de l'armée française que par le désordre de ses propres troupes. Son camp surpris ne peut opposer qu'une faible résistance : tout fuit devant les Français ; le duc de Savoie n'eut pas même le temps de prendre ses armes, et se sauva précipitamment au quartier du comte d'Egmond.

Cependant Dandelot faisait embarquer, sur les bateaux que Coligny avait fait disposer, l'infanterie destinée à entrer dans Saint-Quentin ; mais le désordre de l'embarquement, la surcharge des bateaux, l'inégalité de cette rivière improvisée, la peur du danger, toutes ces circonstances réunies contrariaient l'expédition : une partie des secours s'embourba dans le marais, l'autre se dispersa, et Dandelot n'entra dans la ville qu'avec cent vingt fantassins, quelques officiers, l'ingénieur Saint-Rémy, officier distingué, trois canonniers, et un commissaire d'artillerie.

Coligny confia le commandement de cette armée à ce commissaire, dont malheureusement l'incapacité, reconnue trop tard, compromit la sûreté de la place. Honteux de sa défaite, le duc de Savoie ne perdit pas un instant pour la réparer. Il réunit les débris de son camp aux troupes du comte d'Egmont, et se dirigea sur un passage que le connétable avait fait occuper par une compagnie de cavalerie allemande, que le duc de Nevers vint soutenir avec une compagnie de gens d'armes.

Dès qu'il aperçut l'ennemi, il voulut risquer le combat, et cette hardiesse eût du moins sauvé le reste de l'armée; mais les ordres du connétable s'y opposaient. Le connétable fut bientôt attaqué lui-même; l'action devint générale, et cette foule de valets, qui alors obstruaient nos armées, prit l'épouvante, et, dans sa fuite précipitée; mit le désordre dans les rangs.

Le connétable, que l'imminence du danger ne pouvait effrayer, se voit, avec plus d'indignation que de crainte, abandonné par sa cavalerie; il se met à la tête de l'infanterie et commence son mouvement de retraite.

Mais le comte d'Egmont tombe sur ses colonnes avec sa cavalerie flamande: le connétable, l'épée à la main, cherche en vain à rallier sa troupe épouvantée: sa voix n'est plus entendue; et son bras, glacé par l'âge, ne frappe plus que des coups incertains.

L'armée est bientôt en pleine déroute; quatre mille hommes restent sur le champ de bataille, le reste est prisonnier. Bagage, artillerie, drapeaux, tout devient la proie de l'ennemi ; le connétable est pris ; le prince de Condé, le duc de Nevers et quelques officiers, parviennent à s'échapper et arrivent à la Fère.

Au lieu de profiter de la victoire, les ennemis ne songèrent qu'à la célébrer par des réjouissances, et le roi d'Espagne arriva au camp des assiégeants au milieu des transports de la plus vive allégresse.

Deux jours s'étaient passés, et Coligny ignorait encore cette catastrophe imprévue; mais la nouvelle s'en répandit bientôt dans la ville, et tous les doutes cessèrent à la vue des drapeaux français pris par l'ennemi, et plantés par lui sur le revers des fossés de ses retranchements.

Coligny ne sait pas encore tous les résultats de cette funeste bataille : il ne peut douter des succès de l'ennemi; mais, incapable de crainte, il conserve son sang-froid au milieu de la consternation générale. La perte d'une bataille n'est pas un malheur irréparable. Le roi n'abandonnera pas une place aussi importante que Saint-Quentin. Mais les Espagnols et les Anglais ne sont pas ses plus redoutables ennemis. Le roi d'Angleterre et le successeur de Charles-Quint ont à la cour de France même leurs plus puissants auxiliaires.

CHAPITRE XI

Continuation de la défense de Saint-Quentin. — La ville est prise. — Coligny se rend prisonnier à un soldat espagnol. — Sa lettre au roi.

Tandis que le camp ennemi retentissait de chants de triomphe, la garnison de Saint-Quentin s'abandonnait à la plus sinistre terreur. Coligny s'efforce, par son exemple et ses discours, à relever son courage. Il veut vaincre ou s'ensevelir sous les ruines de la place. Les nouveaux mouvements exécutés par ses ordres retardaient ceux de l'ennemi. Les travaux des assiégeants paraisaient aussi suspendus. Mais ils ne tardèrent pas à tirer sur la ville avec tant de furie que l'armée française avait rompu tous ses rangs.

Dans l'ivresse d'un triomphe aussi complet, aussi inattendu, les ennemis rêvaient déjà la conquête de la France, et se disposaient à marcher sur la capitale. Tous les chefs ne partagèrent pas cette ambitieuse espérance. Ils regardaient la prise de Saint-Quentin comme le premier fruit de la victoire et son complément nécessaire.

Leur avis l'emporta, et le siége de la place fut repris avec cette ardeur qu'inspire le sentiment d'une victoire récente, et la certitude d'un nouveau succès.

Au milieu des obstacles qui l'environnent, et dont chaque instant vient encore augmenter l'urgence et la gravité, Coligny donne aux citoyens et aux soldats l'exemple du courage. Dandelot le seconde avec autant de valeur que de prudence.

Les pontons qui se trouvaient dans

la ville sont réunis, remplis de terre, et placés les uns sur les autres ; les feux des batteries ennemies viennent s'amortir contre ce nouveau rempart.

Il ne savait point à qui s'adresser pour obtenir du secours. Il apprend que le duc de Nevers a pris le commandement de l'armée, ou plutôt de ses débris. Il lui écrivit, et lui indiqua un passage par lequel on pouvait aborder dans la place en passant l'eau. Ce gué, qui lui avait été indiqué par des pêcheurs, était peu profond.

Le duc de Nevers se contenta d'expédier trois cents arquebusiers. Coligny se chargea de protéger lui-même leur arrivée. Il les attendait depuis longtemps au lieu désigné, lorsqu'il entendit un grand bruit dans les lignes ennemies (1).

(1) Le duc de Nevers, plus courtisan que guerrier, était tout dévoué au parti de la favorite. Il savait que, loin de vouloir que l'amiral obtînt des

L'apparition des trois cents arquebusiers les avait d'abord effrayées; mais rassurées sur leur petit nombre, elles les attaquèrent de tous côtés. Cent vingt seulement parvinrent à entrer dans la place. Tout le reste de ce détachement avait été tué ou pris.

Ce faible renfort ne pouvait être d'aucune utilité; ces cent vingt arquebusiers étaient sans armes; aucun officier ne les accompagnait. Coligny avait prévu que cette troupe serait attaquée; aussi avait-il expressément recommandé au duc de Nevers de la faire accompagner

succès, elle ne lui souhaitait que des revers, surtout depuis l'échec que le duc de Guise avait éprouvé en Italie. L'amiral ne pouvait pas même avoir de doutes sur cette intrigue; un ami qu'il avait à la cour l'avait instruit de tout. Il n'en fit pas moins son devoir; et si le duc de Nevers eût suivi ses avis et l'eût franchement secondé, même après la désastreuse bataille de Saint-Quentin, cette ville malheureuse ne fût point tombée au pouvoir de l'ennemi.

par quelques escadrons de cavalerie assez forts pour occuper l'ennemi pendant le passage des arquebusiers.

Le duc de Nevers avait, il est vrai, suivi cet avis; mais les cavaliers qu'il avait envoyés s'étaient contentés d'accompagner les arquebusiers jusqu'au marais, et s'étaient retirés.

Coligny ne demanda plus de secours; il fit travailler à faire des contre-mines pour détruire les ouvrages des ennemis et les déloger des fossés qu'ils occupaient. C'était là que commandait le fameux Gonzague, l'un des généraux espagnols: aussi habile que courageux, Gonzague ne quittait point la tranchée. Ses batteries ne pouvaient rien contre le rempart de pontons élevé par Dandelot; il en établit une autre à revers, qui fit un horrible ravage. Le fossé fut miné; d'autres ouvrages furent établis pour neutraliser les feux des assiégés. Bientôt les remparts qui couvraient la ville, depuis la porte Saint-Jean jusqu'à celle de la rivière, et dont la masse paraissait devoir résister aux canons, s'écroulèrent sous les boulets des batteries ennemies, et la brèche était large. Coligny la fit réparer avec une prodigieuse célérité.

Les batteries des assiégeants changeaient souvent de position. Celles dont les feux avaient abbattu une partie des murailles fut transportée sur un autre point, et dirigée sur l'endroit déjà fort endommagé par l'explosion des poudres.

Coligny, à la tête de la milice bourgeoise et de la garnison, se portait partout où l'appelait un nouveau danger; mais le feu meurtrier des ennemis détruisait les travaux de défense à peine achevés. Déjà onze brèches étaient ouvertes. Coligny se portait sur les points les plus menacés; il était sans nul moyen pour réparer ses pertes, et Philippe venait d'amener à l'armée assiégeante un renfort de dix mille hommes.

Le chef du génie, Saint-Remy, se présente à l'amiral et lui déclare qu'il n'était plus possible de défendre la place, que toute résistance était inutile. Saint-Remy était brave; Coligny avait dans ce pénible siège éprouvé son courage et ses talents. Sa triste confidence n'était point l'effet d'une pusillanime résignation.

Coligny espère encore; il visite les remparts et tous les postes; partout il inspire le noble dévouement qui l'anime. Pendant six jours les batteries ennemies continuent à foudroyer la ville. Le sixième jour, à deux heures après midi, le guet placé dans le clocher de la grande église lui annonce que l'armée ennemie s'avance, que déjà l'infanterie entrait dans les tranchées. Coligny donne ses ordres pour repousser l'assaut. Il place sur les remparts les citoyens et les soldats; ses meilleurs officiers occupent les points les plus importants, et lui-même va défendre la brèche.

Il pensait que la principale attaque de l'ennemi se porterait sur ce point qu'il s'obstinait à battre depuis trois jours; mais tout-à-coup l'explosion simultanée de trois mines ébranle les murailles. Elles s'écroulent avec un épouvantable fracas. Cependant les ennemis diffèrent l'assaut; ils se bornent à venir reconnaître la brèche que Coligny voulait défendre et le poste que gardait Dandelot, et se retirent dans leurs quartiers.

Le lendemain, les batteries des assiégeants redoublent leurs feux; Coligny appelle près de lui son frère et Saint-Remy; celui-ci persiste sur la nécessité de se rendre, et d'épargner à la ville les horreurs d'un assaut. Coligny est déterminé à le soutenir; il espère que l'ennemi pourra être repoussé. « Nous pourrons, dit-il, profiter de ce délai pour faire savoir au roi l'état où nous sommes, et si c'est sa volonté nous traiterons avec l'ennemi; mais, en attendant, soyez sûrs que j'aime mieux périr que de faire la moindre démarche indigne de moi; ainsi, quand nous entendrons recommencer les batteries, préparons-nous à nous bien défendre. » Il dit, et renvoie à leur poste ceux qui l'entourent.

Coligny n'avait que huit cents hommes pour défendre onze brèches; il distribue sur les points menacés les soldats et les citoyens, et il va lui-même se porter au poste le plus périlleux. L'élite de la garnison vient se ranger près de lui.

Bientôt les assiégeants dirigent leurs feux de ce côté; mais, au lieu de monter à l'assaut, ils s'avancent vers une tour à moitié ruinée par le feu de leurs batteries; ses débris amoncelés en rendaient l'accès difficile, et ce point était gardé par la compagnie des gens d'armes du dauphin: mais ce n'étaient plus les mêmes hommes, leur brave capitaine Téligny n'était plus à leur tête. Coligny fut aussi affligé que surpris d'apprendre qu'ils avaient pris l'alarme à l'approche de la colonne ennemie; le guidon avait fui, et tout le reste de la compagnie s'était débandé.

Coligny court à ce poste; il n'est accompagné que de trois officiers et d'un page; mais les fuyards étaient déjà loin, et il se trouva seul avec ses trois officiers et son page. Les ennemis arrivent en foule, et se précipitent dans la ville; l'ardeur du pillage les anime, et ils n'aperçoivent ni l'amiral ni les siens. Il voit sans s'effrayer le sort qui l'attend; forcé de se rendre, il voudrait ne pas être prisonnier des Allemands. Un soldat espagnol, Francisco

Dias, l'aperçoit; un des officiers de l'amiral l'arrête, et lui montre le général. Écoutons l'amiral lui-même raconter cet évènement.

« Tous sans s'arrêter passoient outre, « sinon Francisque Dias, auquel un de « ceux qui étoient avec moi dit que j'é- « tois l'amiral: lors il s'adressa à moi et « me tira quelques coups d'épée, puis « me demanda si j'étois l'amiral. Je « lui dis que oui. Lors il cessa de me « charger. A l'heure même survint un « arquebusier, ayant le feu sur le ser- « pentin (1), qui faisoit contenance « de me vouloir tirer : mais je m'en « parois avec une pique du mieux que « je pouvois; aussi faisoit ledit Fran-

(1) L'arquebuse est la plus ancienne des armes à feu. Elle portait une once et sept huitièmes de de plomb, avec autant de poudre. Un *rouet* d'acier, appliqué contre la platine, donnait le mouvement à tous les ressorts. C'est ce qu'on appelait *serpentin*.

« cisque Dias avec son épée, qui eu-
« rent plusieurs paroles ensemble, des-
« quelles je ne me souviens pas, sinon
« qu'il me souvient que ledit arquebu-
« sier disoit souvent : *A la part, à la*
« *part.* Lors je leur dis qu'ils n'en-
« trassent point en querelle, et que
« j'étois bien suffisant pour les bien
« contenter tous deux : à donc ils ces-
« sèrent toutes paroles qu'ils avoient
« ensemble, mais je ne puis dire quel
« accord ils firent. »

Francisco Dias, qu'étonnait l'aspect martial de son illustre prisonnier, n'avait pas encore osé lui demander son épée. Coligny la lui remit, et l'Espagnol le conduisit au pied du rempart, où il s'arrêta pour le laisser reposer.

D'autres soldats espagnols voulaient s'emparer de l'amiral; Dias les éloigna, et le fit entrer dans la mine. Il rendit compte de sa prise au mestre de camp espagnol Cazères. Bientôt arriva le duc de Savoie. Coligny se fit reconnaître. Le duc ordonna de le conduire dans sa tente, et se dirigea vers la ville.

Partout retentissait ce cri, *Vive l'Espagne!* Huit brèches étaient emportées depuis une heure, et l'on combattait encore aux trois autres. Ces derniers défenseurs de la ville furent enfin forcés de céder au nombre; tous ceux qui étaient sur les remparts furent impitoyablement égorgés.

Dandelot était tombé au pouvoir de l'ennemi. On l'avait enfermé dans une tente; il s'échappa en passant par dessous la toile, et parvint, non sans danger, à Ham, et de là auprès du roi.

Cette évasion fit surveiller Coligny de plus près. Peu touché de son malheur, il ne songeait qu'à la fuite honteuse de la compagnie des gens d'armes du dauphin, et au juste châtiment que méritait leur lâche défection. Il regardait leur retraite comme une trahison, et l'unique cause de la ruine et de la prise de Saint-Quentin; il écrivit au roi pour qu'il les fît juger.

« Il est raisonnable, écrivoit-il, que « ceux qui avoient la charge de cette « brèche soient ouis, et allèguent leur « raisons. Quant à moi, de ce que « j'en ai vu et connu, je vous dirai que « j'ai opinion que s'ils se fussent là « aussi bien opiniâtrés à la défendre, « comme ils firent généralement à « tous les autres endroits, je serois en- « core dans Saint-Quentin à vous y « faire service. J'ai un grand crève- « cœur de penser que nous ayons été « forcés par l'un des plus forts endroits, « quasi sans combattre, et même que « des autres brèches, les ennemis en « étaient en partie repoussés, et que « nos gens y furent pris par derrière;

« et pour ne point dérober l'honneur
« à qui il appartient, il faut que je dise
« qu'en trois brèches, l'une, du côté du
« bourg de l'Isle, où estoit la compa-
« gnie de M. de la Fayette, la seconde,
« où estoit mon frère, et la troisième,
« où estoit le capitaine Soleil et Forces,
« ils combattaient encore à leurs brè-
« ches, qu'il y avait plus d'une heure
« que les ennemis avaient gaigné la
« place, etc.

« Chastillon. »

Il n'écrivait point pour se justifier ; en déférant au roi les lâches qui avaient abandonné le poste qu'ils devaient, qu'ils pouvaient défendre, en appelant sur eux toute la sévérité des lois militaires, il n'obéissait qu'au sentiment de ses devoirs, mais les premiers auteurs de ces désastres étaient à la cour. Le duc de Guise aussi avait été trahi en Italie; mais les traîtres n'étaient pas Français, et il eût peut-être éprouvé le sort de Coligny, comme lui il eût été captif, si ses partisans ne se fussent hâtés de provoquer l'ordre de son rappel, pour le mettre à la tête d'une autre armée.

FIN DU PREMIER VOLUME.

TABLE DES MATIÈRES

CONTENUES DANS CE VOLUME.

LIVRE PREMIER.

LIVRE DEUXIÈME.

FIN DE LA TABLE DU PREMIER VOLUME.

www.ingramcontent.com/pod-product-compliance
Ingram Content Group UK Ltd.
Pitfield, Milton Keynes, MK11 3LW, UK
UKHW012017240726
13965UKWH00002B/423